Bibliothek der Mediengestaltung

Konzeption, Gestaltung, Technik und Produktion von Digital- und Printmedien sind die zentralen Themen der Bibliothek der Mediengestaltung, einer Weiterentwicklung des Standardwerks Kompendium der Mediengestaltung, das
in seiner 6. Auflage auf mehr als 2.700 Seiten angewachsen ist. Um den Stoff, der die Rahmenpläne und Studienordnungen sowie die Prüfungsanforderungen der Ausbildungs- und Studiengänge berücksichtigt, in handlichem
Format vorzulegen, haben die Autoren die Themen der Mediengestaltung in Anlehnung an das Kompendium der
Mediengestaltung neu aufgeteilt und thematisch gezielt aufbereitet. Die kompakten Bände der Reihe ermöglichen
damit den schnellen Zugriff auf die Teilgebiete der Mediengestaltung.

Weitere Bände in der Reihe ▶ http://www.springer.com/series/15546

Peter Bühler • Patrick Schlaich • Dominik Sinner

Printmedien-Projekte

Briefing – Planung – Produktion

 Springer Vieweg

Peter Bühler
Backnang, Deutschland

Patrick Schlaich
Kippenheim, Deutschland

Dominik Sinner
Konstanz-Dettingen, Deutschland

ISSN 2520-1050   ISSN 2520-1069   (electronic)
Bibliothek der Mediengestaltung
ISBN 978-3-658-31381-4   ISBN 978-3-658-31382-1   (eBook)
https://doi.org/10.1007/978-3-658-31382-1

Die Deutsche Nationalbibliothek verzeichnet diese Publikation in der Deutschen Nationalbibliografie; detaillierte
bibliografische Daten sind im Internet über ▶ http://dnb.d-nb.de abrufbar.

Planer: Sybille Thelen
Springer Vieweg ist ein Imprint der eingetragenen Gesellschaft Springer Fachmedien Wiesbaden GmbH und ist ein Teil
von Springer Nature.
Die Anschrift der Gesellschaft ist: Abraham-Lincoln-Str. 46, 65189 Wiesbaden, Germany

Vorwort

Die neue Buchreihe „Bibliothek der Mediengestaltung"
mit ihren 26 Bänden ist mittlerweile vollständig erschie-
nen und eingeführt. Die vielen positiven Rückmeldungen
von Ihnen, liebe Leserinnen und Leser, haben uns in
unserer damaligen Entscheidung bestätigt, das „Kompendium" aufzulösen und dessen Inhalte in Einzelbände auf-
zuteilen – eine Übersicht finden Sie am Ende des Buches.

Immer wieder wurden wir aber auch darauf angespro-
chen, ob wir die eher theorielastigen Bücher nicht durch
„Praxisbände" ergänzen könnten. Diesem nachvollzieh-
baren Wunsch tragen wir mit den nun vorliegenden
Projektebänden Rechnung[1].

Die Planung, Durchführung und Reflexion von Projekten stellt eine Kernkompetenz der Mediengestaltung
dar. In Projekten lassen sich nicht nur die theoretischen
Kenntnisse an Praxisbeispielen anwenden – die Lernen-
den erweitern hierdurch auch ihre Methoden-, Sozial-
und Personalkompetenz.

Bei der Konzeption der Projektebände haben wir das
Ziel verfolgt, jedes Projekt nach dem Prinzip der vollstän-
digen Handlung umfassend zu bearbeiten. Dies spiegelt
sich im identischen Aufbau der Kapitel wider.

Jedes Kapitel beginnt mit einem *Briefing*, in dem der
Projektauftrag vorgestellt und die hierfür erforderlichen
Fachkenntnisse beschrieben werden. Im Briefing erhalten Sie auch Hinweise auf die erforderliche Software
sowie einen Link zu den benötigten Projektdateien. Im
Abschnitt *Planung* wird der zur Umsetzung des Projekts
notwendige Workflow stichwortartig beschrieben. Wer
über die erforderlichen Softwarekenntnisse verfügt, kann
ab dieser Stelle mit der eigenständigen Umsetzung des
Projekts fortfahren. Alternativ führen wir Sie im Abschnitt
Produktion in ausführlichen Schritt-für-Schritt-Anleitun-

gen durch das Projekt. Zahlreiche Screenshots helfen auch Anfängern, sich in der Software zurechtzufinden. Die Bücher können somit wahlweise im Unterricht oder im Selbststudium, beispielsweise zur Prüfungsvorbereitung, eingesetzt werden.

Bei der Auswahl der Projekte haben wir uns an den Rahmenplänen, Studienordnungen und Prüfungsanforderungen der Ausbildungs- und Studiengänge der Mediengestaltung orientiert. Eine Übersicht über die Projektebände der Bibliothek der Mediengestaltung finden Sie auf der rechten Seite. Die zur Umsetzung der Projekte benötigten Dateien können Sie von der zur Buchreihe gehörenden Website www.bi-me.de herunterladen.

Die Bibliothek der Mediengestaltung richtet sich an alle, die eine Ausbildung oder ein Studium im Bereich der Digital- und Printmedien absolvieren oder die bereits in dieser Branche tätig sind und sich fortbilden möchten. Weiterhin richtet sich die Bibliothek der Mediengestaltung auch an alle, die sich in ihrer Freizeit mit der professionellen Gestaltung und Produktion digitaler oder gedruckter Medien beschäftigen.

Ein herzliches Dankeschön geht an unsere langjährige Lektorin Ursula Zimpfer sowie an Sybille Thelen und das Team des Verlags Springer Vieweg für die Unterstützung und Begleitung dieser Buchreihe. Ein großes Dankeschön gebührt aber auch Ihnen, unseren Leserinnen und Lesern, die uns in den vergangenen Jahren immer wieder auf Fehler hingewiesen und Tipps zur weiteren Verbesserung unserer Bücher gegeben haben.

Wir wünschen Ihnen, liebe Leserinnen und Leser, ein gutes Gelingen Ihrer Ausbildung, Ihrer Weiterbildung oder Ihres Studiums der Mediengestaltung und viel Spaß bei der Umsetzung vieler spannender Projekte.

Heidelberg, im Frühjahr 2021

Peter Bühler
Patrick Schlaich
Dominik Sinner

1   Die Bände „Bild- und Grafikprojekte"
    sowie „Projekte zur Produktgestaltung"
    erscheinen 2022.

Inhaltsverzeichnis

Flyer

Briefing

Szenario

Für das Berufsschulzentrum Vernau soll ein Falzflyer gestaltet werden. In diesem Projekt werden Sie den Falzflyer mit Fotos und Texten als 6-seitigen „Wickelfalzflyer" realisieren. Ein Logo ist vorhanden und soll beibehalten werden.

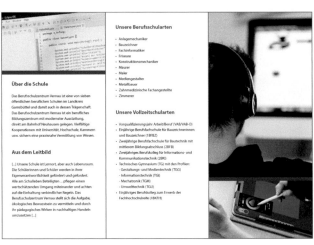

© Springer Fachmedien Wiesbaden GmbH, ein Teil von Springer Nature 2021
P. Bühler et al., *Printmedien-Projekte*, Bibliothek der Mediengestaltung,
https://doi.org/10.1007/978-3-658-31382-1_1

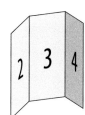
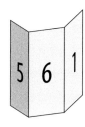

Planung

Daten

- Unter www.bi-me.de/download die Daten herunterladen

Layout

- Dokument in InDesign anlegen
- Texte und Fotos importieren
- Logo importieren und platzieren
- Layout in InDesign umsetzen

PDF

- InDesign-Dokumente verpacken
- Druck-PDFs erzeugen

Technische Angaben

- Format: DIN lang
- Seitenanzahl: 6
- Geschlossenes Format: 100 x 210 mm
- Offenes Format: 297 x 210 mm
- Rand oben, unten, links und rechts: 10 mm
- Anschnitt: 3 mm
- Schrift: Myriad (wenn verfügbar)
- Druckverfahren: Offsetdruck
- Papier: z. B. 170 g/m²

Produktion

ID-Dokument erstellen

1 Laden Sie die Arbeitsdateien zum Projekt herunter und sichten Sie diese.

2 Erstellen Sie in InDesign unter Menü *Datei > Neu > Dokument…* eine neue Datei im Reiter *Druck*.

3 Geben Sie für *Breite*, *Höhe*, *Ränder* und *Anschnitt* die Werte der technischen Angaben ein.

4 Geben Sie für die Anzahl der Seiten **A** *6* ein.

5 Deaktivieren Sie die Checkbox *Doppelseite* **B**.

6 Bestätigen Sie die Eingaben mit *Erstellen* **C**.

Vorlage für 6-seitigen Wickelfalzflyer anlegen

1 Wechseln Sie zum Fenster *Seiten*.

2 Wählen Sie im Bedienfeldmenü ☰ *Neue Musterseite…* aus **D**.

3 Geben Sie als Breite **E** für die neue Musterseite *97 mm* ein und bestätigen Sie die Eingabe mit *OK* **F**.

4 Wählen Sie durch Anklicken die Seite *1* aus. Wählen Sie zusätzlich die Seite *6* aus, indem Sie diese mit gedrückter Taste [STRG] (⊞) bzw. [command] (🍎) anklicken.

5 Wählen Sie im Bedienfeldmenü ☰ des Fensters *Seiten Musterseite auf Seiten anwenden…* aus.

6 Wählen Sie *B-Musterseite* **G** aus und bestätigen Sie die Eingabe mit *OK* **H**.

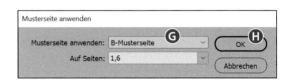

7 Wählen Sie im Dialogfeld *Formatkonflikt mit Musterseite* die Checkbox ❶ *Auf alle anwenden* aus.

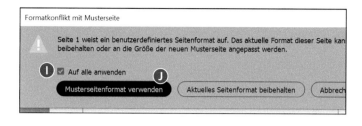

8 Bestätigen Sie mit *Musterseitenformat verwenden* ❶.

9 Wählen Sie im Fenster *Seiten* durch Anklicken die Seite *1* aus. Wählen Sie zusätzlich die Seiten *2*, *3*, *4*, *5* und *6* aus, indem Sie die Seite *6* mit gedrückter Taste ⇧ (⊞) bzw. ⇧ () anklicken.

10 Wählen Sie im Bedienfeldmenü ☰ die Checkbox *Neue Druckbogenanordnung zulassen* ❶ ab, wodurch der Haken verschwindet. Falls Sie sich wundern, es ist in diesem Fall tatsächlich so, dass das Gegenteil der Fall ist, durch Abwählen können Sie nun die Druckbogenanordnung ändern.

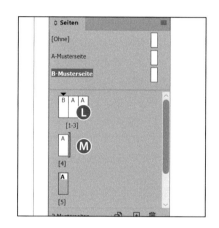

11 Druckbogenanordnung ändern:
- Wählen Sie durch Anklicken die Seite *2* aus.
- Wählen Sie zusätzlich die Seite *3* aus, indem Sie diese mit gedrückter Taste STRG (⊞) bzw. command () anklicken.
- Ziehen Sie die beiden Seiten direkt rechts neben Seite *1* und lassen Sie bei erscheinendem Linkspfeil die Maustaste los.
- Nun stehen die Seiten *1*, *2* und *3* direkt nebeneinander ❶.
- Wiederholen Sie den Vorgang mit den Seiten *5* und *6*, die Sie neben Seite *4* ❶ ziehen.

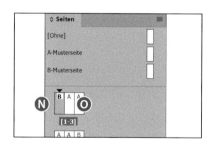

12 Wechseln Sie auf die Inhaltsseite, indem Sie in dem Fenster *Seiten* mit einem Doppelklick die Seite *1* ❶ anklicken.

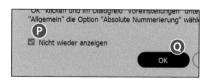

13 Ändern Sie nun zur besseren Orientierung die Nummerierung der Seiten:
- Klicken Sie Seite *3* an ❶ und wählen Sie im Fenster *Seiten* im Bedienfeldmenü ☰ *Nummerierungs- und Abschnittsoptionen…* aus.
- Geben Sie *1* unter *Seitennummerierung beginnen bei:* ein und bestätigen Sie die Eingabe mit *OK*.
- Wählen Sie im Dialogfeld Warnung die Checkbox *Nicht wieder anzeigen* ❶ aus und bestätigen Sie die Eingabe mit *OK* ❶.
- Wiederholen Sie den Vorgang für die anderen Seiten, bis die Seitenzahlen 5, 6, 1 ❶ bzw. 2, 3, 4 ❶ angezeigt werden.

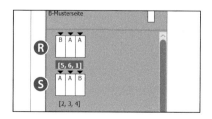

Layout bearbeiten

Fotos und Grafiken einfügen

1 Fügen Sie auf der Titelseite (Seite *1*) als Logo die Datei *BSZ-Vernau_Logo.eps* ein. Wählen Sie dazu Menü *Datei > Platzieren…*, alternativ verwenden Sie die Tastenkombination STRG D (⊞) bzw. command D (⌘). Positionieren Sie das Logo an die Position x = 207 mm, y = 166 mm, und skalieren Sie es auf eine Breite von 60 mm **Ⓐ**.

2 Fügen Sie auf Seite *1* das Foto *BSZ_01.jpg* ein. Positionieren Sie das Foto an die Position x = 197 mm, y = -3 mm mit einer Breite von 103 mm und einer Höhe von 156 mm **Ⓑ**.

3 Wählen Sie für das Foto einen geeigneten Ausschnitt, indem Sie mit dem *Direktauswahl-Werkzeug* ▷ auf das Foto klicken. Drücken Sie beim Skalieren die Taste ⇧ (⊞) bzw. ⇧ (⌘), damit das Foto proportional vergrößert bzw. verkleinert wird.

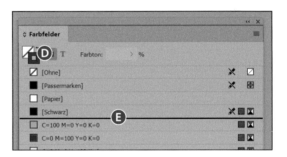

4 Fügen Sie mit dem *Linienzeichner-Werkzeug* ╱ an der Position y = 152 mm eine Trennlinie mit der Konturfarbe C0, M100, Y80, K20 und der Dicke *10 pt* ein **Ⓒ**, die in den Anschnitt hineinreicht.

5 Ziehen Sie im Fenster *Farbfelder* die Konturfarbe **Ⓓ** nach unten zu den vordefinierten Farben **Ⓔ**.

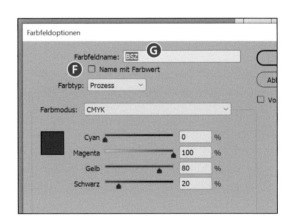

6 Doppelklicken Sie nun die neu definierte Farbe und deaktivieren Sie im Dialogfeld *Name mit Farbwert* **Ⓕ**. Geben Sie nun den Namen *BSZ* ein **Ⓖ**.

7 Fügen Sie auf Seite *5* das Foto *BSZ_02.jpg* ein **Ⓗ**. Das Foto soll auch ein wenig auf Seite *6* hineinragen. Wählen Sie für das Foto einen geeigneten Ausschnitt.

8 Fügen Sie mit dem *Rechteck-Werkzeug* ▣ in der Flächenfarbe *BSZ* ein Rechteck ein mit der Breite 23 mm **I**, das oben und unten in den Anschnitt hineinreicht.

9 Markieren Sie mit dem *Direktauswahl-Werkzeug* ▷ die unteren beiden Punkte des Rechtecks **J**, indem Sie den ersten Punkt anklicken und den zweiten Punkt mit gedrückter Taste ⇧ der Auswahl hinzufügen. Verschieben Sie nun die beiden Punkte nach links **K** und drücken Sie, nachdem Sie mit Verschieben begonnen haben, die Taste ⇧ und halten Sie diese während des Verschiebens gedrückt. So verändert sich nur die x-Position.

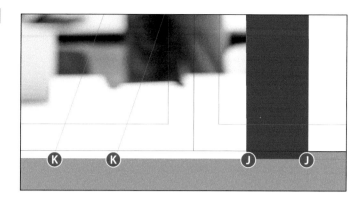

10 Damit die rechte untere Ecke des Fotos bündig mit dem schrägen Balken aufhört müssen Sie nun mit dem *Direktauswahl-Werkzeug* ▷ den Eckpunkt auswählen und diesen nach links verschieben **L**.

11 Fügen Sie auf der Seite *2* das Foto *BSZ_03.jpg* mit einer Höhe von 58 mm ein **M**. Wählen Sie für das Foto einen geeigneten Ausschnitt.

12 Fügen Sie mit dem *Linienzeichner-Werkzeug* ╱ an der Position y = 54 mm eine Trennlinie in der Farbe *BSZ* mit der Dicke 10 pt ein **N**, die in den Anschnitt hineinreicht.

13 Fügen Sie auf der Seite *4* das Foto *BSZ_04.jpg* **O** mit einer Höhe von 158 mm und das Foto *BSZ_05.jpg* **P** mit einer Höhe von 58 mm ein. Wählen Sie für die Fotos geeignete Ausschnitte.

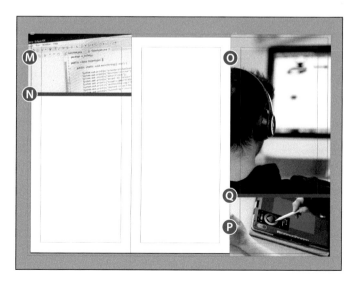

14 Fügen Sie mit dem *Linienzeichner-Werkzeug* ╱ an der Position y = 152 mm eine Trennlinie in der Farbe *BSZ* mit der Dicke 10 pt ein **Q**, die rechts in den Anschnitt hineinragt.

Texte einfügen und formatieren

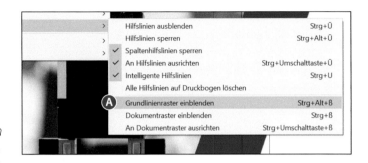

1 Grundlinienraster einrichten:
- Stellen Sie sicher, dass das Grundlinienraster eingeblendet ist. Wählen Sie dazu im Menü *Ansicht > Raster und Hilfslinien > Grundlinienraster einblenden* Ⓐ oder verwenden Sie die Tastenkombination [STRG] [ALT] [ß] (⊞) bzw. [command] [ALT] [ß] (⌘).

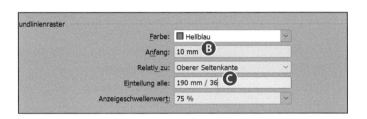

- Wählen Sie zum Einrichten des Grundlinienrasters im Menü *Bearbeiten > Voreinstellungen > Raster…* (⊞) bzw. *InDesign > Voreinstellungen > Raster…* (⌘).
- Als Rand haben Sie 10 mm eingerichtet. Geben Sie daher für den *Anfang* des Rasters Ⓑ *10 mm* ein.
- Der Flyer ist 210 mm hoch, abzüglich 20 mm für den Rand oben und unten verbleiben 190 mm für den Inhalt. Sie können direkt in das Feld *Einteilung alle:* die Formel eingeben: *190 mm / 36* Ⓒ.

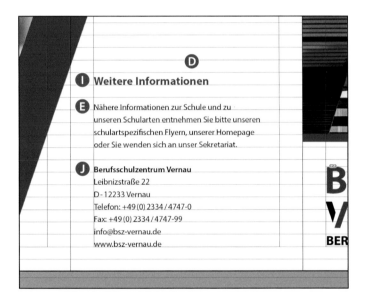

2 Ziehen Sie auf der Seite *6* mit dem Textwerkzeug [T] einen Rahmen für die Texte auf Ⓓ.

3 Fügen Sie den Text *Informationen* aus der Datei *Text_Flyer.txt* ein. Klicken Sie per Rechtsklick auf den Textrahmen *Textrahmenoptionen…* Wählen Sie unter *Vertikale Ausrichtung* im Drop-down-Menü Ausrichten: *Unten*.

4 Absatzformat für den Grundtext Ⓔ erstellen:
- Öffnen Sie das Fenster *Absatzformate*.
- Erstellen Sie durch Klick auf das Icon [+] ein neues Absatzformat.
- Bearbeiten Sie das neue Absatzformat durch Doppelklick auf *Absatzformat 1*.
- Benennen Sie das Format, indem Sie als Formatname *Grundtext* Ⓕ eingeben.

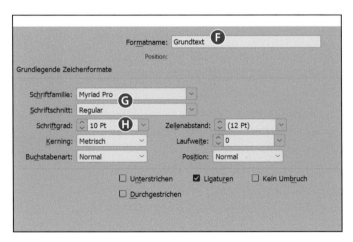

- Geben Sie unter *Grundlegende Zeichen-formate* für den Grundtext Schriftfami-lie *Myriad*, Schriftschnitt *Regular* 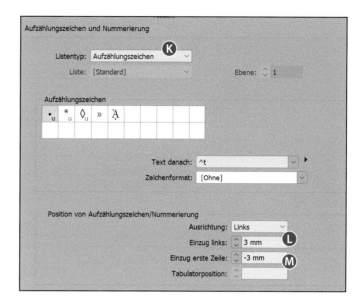G und Schriftgrad *10 pt* H ein.

5 Absatzformat für die Überschriften I erstellen:
- Klicken Sie mit dem *Auswahlwerkzeug* ► an eine Stelle, an der sich keine Objekte befinden. So stellen Sie sicher, dass aktuell nichts ausgewählt ist.
- Erstellen Sie das neue Absatzformat *Überschrift*.
- Geben Sie für die Überschrift Schrift-schnitt *Bold* und Schriftgrad *14 pt* ein.
- Geben Sie unter *Einzüge und Abstände* jeweils 5 mm als *Abstand davor:* und *Abstand danach:* ein.
- Wählen Sie unter Zeichenfarbe die Farbe *BSZ* aus.

6 Klicken Sie mit dem Textwerkzeug T. in dem Textrahmen in die Zeile *Weitere Informationen*. Klicken Sie nun im Fenster *Absatzformate* auf das Format *Überschrift*, um das Absatzformat zuzuweisen.

7 Erstellen Sie zur Auszeichnung der Zeile *Berufsschulzentrum Vernau* J ein neues Zeichenformat:
- Öffnen Sie das Fenster *Zeichenformate*.
- Erstellen Sie durch Klick auf das Icon ⊞ ein neues Zeichenformat.
- Bearbeiten Sie das neue Zeichenformat durch Doppelklick auf *Zeichenformat 1*.
- Benennen Sie das Format, indem Sie als Formatname *Fett* eingeben.
- Wählen Sie unter *Grundlegende Zei-chenformate* als Schriftschnitt *Semibold* aus.

8 Markieren Sie den Text *Berufsschulzent-rum Vernau*. Klicken Sie nun im Fenster

Zeichenformate auf das Format *Fett*, um das Zeichenformat zuzuweisen.

9 Absatzformat für Aufzählungen erstellen:
- Klicken Sie mit dem *Auswahlwerkzeug* ► an eine Stelle, an der sich keine Objekte befinden. So stellen Sie sicher, dass aktuell nichts ausgewählt ist. Kli-cken Sie im Fenster *Absatzformate* auf das Format *Grundtext*.
- Erstellen Sie durch Klick auf das Icon ⊞ ein neues Absatzformat.
- Bearbeiten Sie das neue Absatzformat durch Doppelklick auf *Absatzformat 1*.
- Benennen Sie das Format, indem Sie als Formatname *Grundtext Aufzählung* eingeben.
- Wählen Sie unter *Aufzählungszeichen und Nummerierung* als Listentyp *Auf-zählungszeichen* K aus.
- Geben Sie als *Einzug links* L den Wert 3 mm ein.
- Geben Sie als *Einzug erste Zeile* M den Wert -3 mm ein. Dadurch steht das Aufzählungszeichen linksbündig, der Text der zweiten Zeilen aber mit 3 mm Einzug.

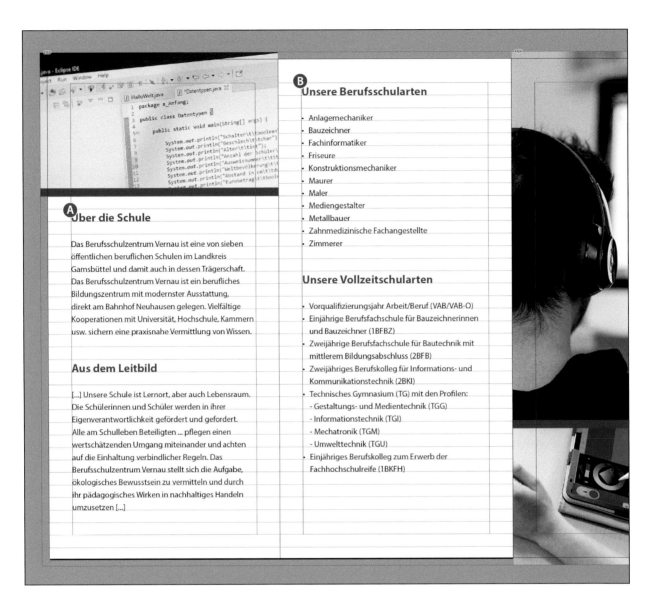

B Unsere Berufsschularten

- Anlagemechaniker
- Bauzeichner
- Fachinformatiker
- Friseure
- Konstruktionsmechaniker
- Maurer
- Maler
- Mediengestalter
- Metallbauer
- Zahnmedizinische Fachangestellte
- Zimmerer

Unsere Vollzeitschularten

- Vorqualifizierungsjahr Arbeit/Beruf (VAB/VAB-O)
- Einjährige Berufsfachschule für Bauzeichnerinnen und Bauzeichner (1BFBZ)
- Zweijährige Berufsfachschule für Bautechnik mit mittlerem Bildungsabschluss (2BFB)
- Zweijähriges Berufskolleg für Informations- und Kommunikationstechnik (2BKI)
- Technisches Gymnasium (TG) mit den Profilen:
  - Gestaltungs- und Medientechnik (TGG)
  - Informationstechnik (TGI)
  - Mechatronik (TGM)
  - Umwelttechnik (TGU)
- Einjähriges Berufskolleg zum Erwerb der Fachhochschulreife (1BKFH)

A Über die Schule

Das Berufsschulzentrum Vernau ist eine von sieben öffentlichen beruflichen Schulen im Landkreis Gamsbüttel und damit auch in dessen Trägerschaft. Das Berufsschulzentrum Vernau ist ein berufliches Bildungszentrum mit modernster Ausstattung, direkt am Bahnhof Neuhausen gelegen. Vielfältige Kooperationen mit Universität, Hochschule, Kammern usw. sichern eine praxisnahe Vermittlung von Wissen.

Aus dem Leitbild

[...] Unsere Schule ist Lernort, aber auch Lebensraum. Die Schülerinnen und Schüler werden in ihrer Eigenverantwortlichkeit gefördert und gefordert. Alle am Schulleben Beteiligten ... pflegen einen wertschätzenden Umgang miteinander und achten auf die Einhaltung verbindlicher Regeln. Das Berufsschulzentrum Vernau stellt sich die Aufgabe, ökologisches Bewusstsein zu vermitteln und durch ihr pädagogisches Wirken in nachhaltiges Handeln umzusetzen [...]

10 Ziehen Sie auf der Seite *2* mit dem Textwerkzeug **T** einen Rahmen für die Texte auf **A**.

11 Fügen Sie in den Textrahmen den Text *Schule* aus der Datei *Text_Flyer.txt* ein.

12 Ziehen Sie auf der Seite *3* mit dem Textwerkzeug **T** einen Rahmen für die Texte auf **B**.

13 Fügen Sie in den Textrahmen den Text *Schularten* aus der Datei *Text_Flyer.txt* ein.

14 Weisen Sie den entsprechenden Passagen die passenden Absatzformate zu.

Verpacken und PDF erstellen

Bei der Erstellung des Flyers in InDesign haben Sie Bilder platziert, Texte gesetzt und formatiert. Bilder und Zeichensätze sind nicht Teil der InDesign-Datei, sondern nur mit ihr verknüpft.
Beim Verpacken werden alle verknüpften Elemente zusammen mit der InDesign-Datei in
einem Ordner gespeichert. Der verpackte Ordner mit allen verknüpften Elementen dient dem
externen Austausch oder Archivieren des Projekts.

Verpacken

1   Öffnen Sie den Verpackendialog unter
    Menü *Datei > Verpacken…*

2   Es öffnet sich ein Dialogfenster. Klicken
    Sie auf *Verpacken…*

3   Bestätigen Sie die Einstellungen mit
    Verpacken.

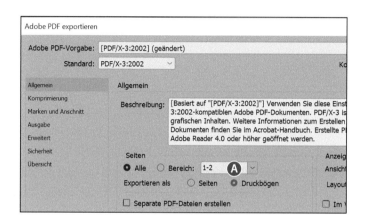

Druck-PDF erstellen

Die meisten Druckereien benötigen für
den Druck ein PDF mit zusammenhängen-
den Seiten, so wie die Ansicht in InDesign.
Folgende Schritte sind notwendig, um ein
solches PDF zu erzeugen:

1   Wählen Sie im Menü *Datei > Adobe PDF-
    Vorgaben > [PDF/X-3:2002]…* Sie können
    auch z. B. *[PDF/X-4:2008]…* auswählen,
    wenn die Druckerei ein solches PDF
    wünscht.

2   Benennen Sie das PDF als *Falzflyer_X3.pdf*
    und bestätigen Sie die Eingabe mit
    Speichern.

3   Nehmen Sie im Dialogfenster *Adobe PDF
    exportieren* folgende Änderungen vor:
    • Aktivieren Sie unter *Allgemein* die Op-
      tion *Druckbögen* Ⓐ, damit die Seiten
      im PDF zusammenhängend dargestellt
      werden.
    • Aktivieren Sie unter *Marken und An-*

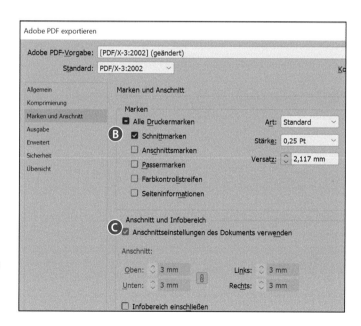

schnitt die Checkboxen *Schnittmarken*
Ⓑ und *Anschnitteinstellungen des
Dokuments verwenden* Ⓒ.
• Bestätigen Sie die Eingaben mit *Exportieren*.

Briefing

Szenario

Für die Eröffnung des spanischen Tapas-Restaurants *delicado* wird eine Speisekarte benötigt. Da sich der Kunde von der Fast-Food-Konkurrenz abheben möchte, soll die Speisekarte ein edles und hochwertiges Aussehen erhalten.

Das geschlossene Format der Speisekarte beträgt 10,5 x 29,7 cm (DIN A5 lang). Die Speisekarte soll aus vier Seiten bestehen und in Farbe gedruckt werden.

Der Kunde verfügt bereits über ein Logo sowie über Icons, mit denen die einzelnen Speisekategorien dargestellt werden sollen.

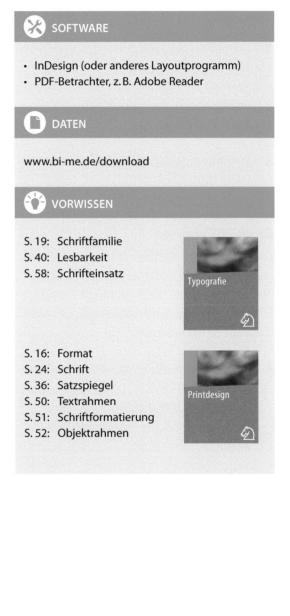

SOFTWARE

- InDesign (oder anderes Layoutprogramm)
- PDF-Betrachter, z. B. Adobe Reader

DATEN

www.bi-me.de/download

VORWISSEN

S. 19: Schriftfamilie
S. 40: Lesbarkeit
S. 58: Schrifteinsatz

Typografie

S. 16: Format
S. 24: Schrift
S. 36: Satzspiegel
S. 50: Textrahmen
S. 51: Schriftformatierung
S. 52: Objektrahmen

Printdesign

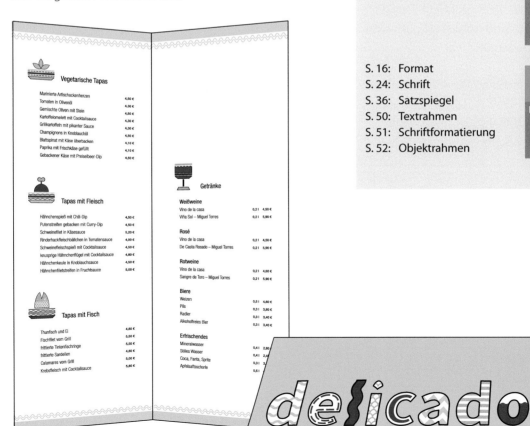

© Springer Fachmedien Wiesbaden GmbH, ein Teil von Springer Nature 2021
P. Bühler et al., *Printmedien-Projekte*, Bibliothek der Mediengestaltung,
https://doi.org/10.1007/978-3-658-31382-1_2

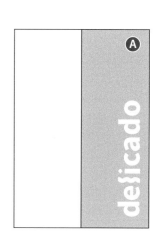

Technische Angaben

Das gewünschte Endformat entsteht, indem eine DIN-A4-Seite (21 x 29,7 cm) in Längsrichtung mittig gefalzt wird (Einbruchfalz). Um die vier Seiten der Speisekarte zu erhalten, legen Sie im Layoutprogramm deshalb ein DIN-A4-Dokument im Hochformat an. Beim Entwurf ist die Seitenreihenfolge zu beachten, da die Vorderseite beispielsweise auf der ersten Seite rechts angeordnet werden muss Ⓐ.

Bevor der Druckauftrag erteilt wird, müssen Sie mit dem Kunden bzw. der Druckerei folgende Aspekte klären:

- Exemplare (Anzahl)
- Beschnittzugabe, z. B. 2 mm Ⓑ
- Farben, z. B. 4/4, also innen und außen vierfarbig
- Papiergewicht (Grammatur), z. B. 300 g/m²
- Papiersorte, z. B. Bilderdruck glänzend
- Veredelung, z. B. lackiert
- (max.) Druckkosten

Planung

Konzeption

- Texte und Grafiken sichten
- Layout (manuell) entwerfen

Layout

- Dokument in InDesign anlegen
- Texte importieren
- Grafiken importieren und platzieren

Typografie

- Absatzformate erstellen
- Texte formatieren

Druckfähiges PDF

- Druck-PDF erzeugen

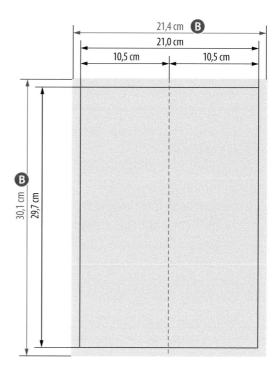

Produktion

Entwürfe anfertigen

1 Laden Sie die Arbeitsdateien zum Projekt herunter und sichten Sie diese. Wichtig ist vor allem, sich einen Eindruck von der Textmenge zu verschaffen.

2 Zeichnen Sie auf mehreren leeren DIN-A4-Seiten eine senkrechte Mittellinie ein. Dies entspricht dem offenen Format der Speisekarte.

3 Scribbeln Sie mehrere Entwürfe der Seiten 1/4 (außen) und 2/3 (innen) der Speisekarte.
- Visualisieren Sie die Grafiken oder Farbflächen mit Rechtecken. Noch anschaulicher ist es, wenn Sie die Grafiken scribbeln.
- Zeichnen Sie die Ränder und Spalten als dünne Hilfslinien ein.
- Stellen Sie Text in Form von dicken Linien dar. Die Linienstärke entspricht dabei in etwa der späteren Schriftgröße. Die Anzahl der Linien sollte in etwa der Zeilenzahl im Textmanuskript entsprechen.
- Wählen Sie – wenn möglich nach Rücksprache mit dem „Kunden" (Mitschüler/in, Lehrkraft) – die besten Entwürfe aus.

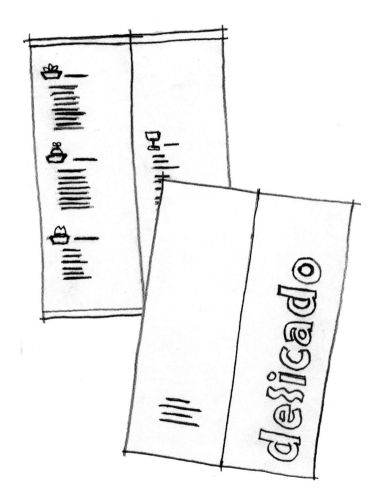

InDesign-Dokument anlegen

1 Legen Sie in InDesign im Menü *Datei > Neu > Dokument...* unter *Druck* **Ⓐ** eine neue Datei im Format DIN A4 an.

2 Deaktivieren Sie die Checkbox *Doppelseite* **Ⓑ**.

3 Geben Sie 2 Spalten und einen Spaltenabstand von 24 mm ein **C**. (Hierdurch
ergibt sich auf jeder Seite ein Abstand
von 12 mm zum Falz.)

4 Lösen Sie die Verkettung der Ränder **D**
und geben Sie die vier Ränder ein:
- Oben: 24 mm
- Unten: 24 mm
- Links: 12 mm
- Rechts: 12 mm

5 Geben Sie eine Beschnittzugabe von
2 mm ein (vgl. technische Angaben) **E**.

6 Bestätigen Sie die Eingaben mit
Erstellen **F**.

7 Stellen Sie im Menü *Bearbeiten > Vorein-
stellungen > Raster…* das Grundlinien-
raster ein:
- Anfang: 24 mm
- Relativ zu: Obere Seitenkante
- Einteilung alle: 16 pt

Tipp: Wenn das Auswahlwerkzeug ▶ gewählt ist, können Sie das Grundlinienraster
mit der Taste [w] ein- oder ausblenden.
Mit der Tastenkombination [⇧][w] erhalten Sie
eine Seitenvorschau.

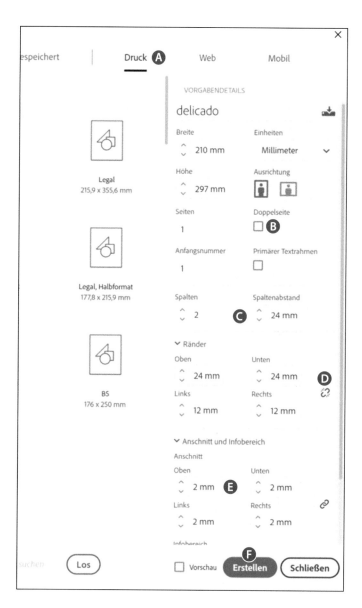

Vorder- und Rückseite erstellen

Farbe(n) anlegen

1 Öffnen Sie die Farbfelder im Menü *Fenster > Farbe > Farbfelder*. Wählen Sie eine
beliebige Farbe. Klicken Sie auf 🗔 rechts
unten, um eine Kopie zu erstellen.

2 Doppelklicken Sie auf die kopierte Farbe:
- Farbfeldname **G**, hier: Delicado-Gelb
- Farbmodus **H**: CMYK
- Farbwerte **I**, hier: 0|20|90|0

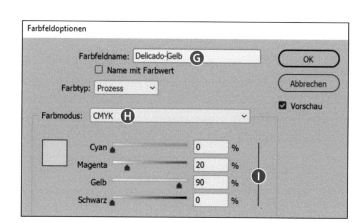

Hintergrund platzieren

1 Ziehen Sie mit dem Rechteck-Werkzeug einen Rahmen über die gesamte Doppelseite. Beachten Sie, dass der Rahmen bis in den Anschnitt (rote Linie) platziert werden muss **A**.

2 Weisen Sie dem Rahmen die neu angelegte (hier: gelbe) Farbe zu.

Logo und Schmucklinien platzieren

1 Ziehen Sie einen Rahmen an der Stelle auf, an der das Logo platziert werden soll.

2 Platzieren Sie das Logo:
- Wählen Sie Menü *Datei > Platzieren…* oder die Tastenkombination [STRG] [D] (⊞) bzw. [command] [D] (🍎).
- Wählen Sie die Datei *delicado_grafik.ai* aus und bestätigen Sie mit *Öffnen*.
- Um den Rahmen zu drehen, machen Sie einen Rechtsklick darauf und wählen *Transformieren > Um 90° drehen (gegen den Uhrzeigersinn)*.
- Passen Sie die Größe des Logos an, indem Sie den Rahmen mit gedrückter Tastenkombination [⇧] [STRG] (⊞) bzw. [⇧] [command] (🍎) an einer Ecke ziehen.
- Platzieren Sie das Logo an der gewünschten Stelle.

3 Falls Sie die Wellenlinien als Schmuckelemente platzieren möchten:
- Wählen Sie das Linien-Werkzeug.
- Ziehen Sie die Linie an der gewünschten Stelle auf.
- Wählen Sie die Linieneigenschaften: Stärke **B**, Farbe **C** und Art **D**.

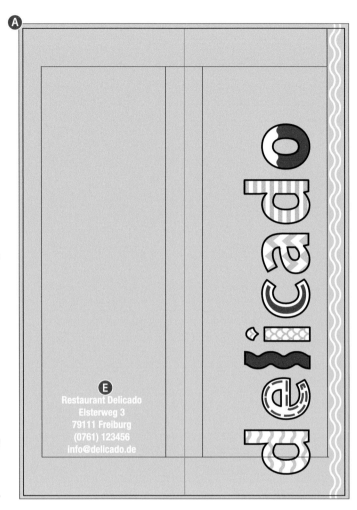

Text platzieren und formatieren

1 Ziehen mit dem Textwerkzeug einen Rahmen für die Anschrift **E** auf der Rückseite auf.

2 Öffnen Sie die Textdatei *delicado_text.docx* in einer Textverarbeitung und kopieren Sie den Text in die Zwischenablage. Fügen Sie den Text im Textrahmen ein.

3 Formatieren Sie die Anschrift, hier: Neue Helvetica, Bold Condensed, 18 pt, weiß, zentriert.

4 Speichern Sie den Zwischenstand unter dem Namen *speisekarte.indd* ab.

Innenseiten erstellen

Schmuckelemente platzieren

1 Ziehen Sie den Rahmen am oberen Rand auf und geben Sie ihm die (gelbe) Farbe.

2 Ergänzen Sie die Wellenlinien.

3 Duplizieren Sie die Schmuckelemente für den unteren Rand:
- Klicken Sie mit gedrückter ⇧-Taste nacheinander auf Rahmen und Linien.
- Ziehen Sie die Kopien mit gedrückter ALT-Taste nach unten.
- Rechtsklicken Sie auf die Kopien und wählen Sie *Transformieren > Um 180° drehen*.
- Platzieren Sie die Kopien am unteren Seitenrand.

Grafiken importieren

Die vier Grafiken befinden sich – wie das Logo – in der Datei *delicado-grafik.ai*, aber auf anderen Zeichenflächen.

1 Wählen Sie Menü *Datei > Platzieren…* oder die Tastenkombination STRG D (⊞) bzw. command D (⌘).

2 Setzen Sie das Häkchen unten links bei *Importoptionen anzeigen*.

3 Wählen Sie die gewünschte Zeichenfläche aus **A**. Unter *Beschneiden auf* **B** legen Sie Begrenzung um die Grafik fest **C**.

4 Skalieren und platzieren Sie die Grafiken wie bereits beim Logo beschrieben. (Die exakte Ausrichtung erfolgt erst, nachdem der Text ergänzt wurde.)

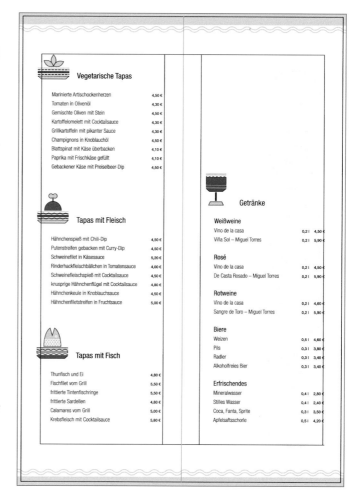

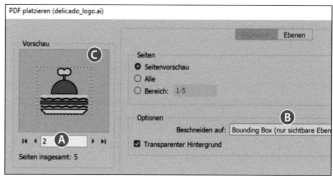

Texte platzieren

1 Ziehen Sie mit dem Textwerkzeug T zwei Textrahmen auf.

2 Kopieren Sie die Texte aus der Textdatei *delicado_text.docx* in die beiden Textrahmen.

Absatz- und Zeichenformate erstellen

Damit alle Zeilen der Speisekarte ein einheitliches Aussehen erhalten, ist es sinnvoll, die Formatierung mit Hilfe von Absatz- und Zeichenformaten vorzunehmen.
Hierdurch ergibt sich auch der Vorteil, dass sich Änderungen der Absatzformate
sofort auf den gesamten Text auswirken.

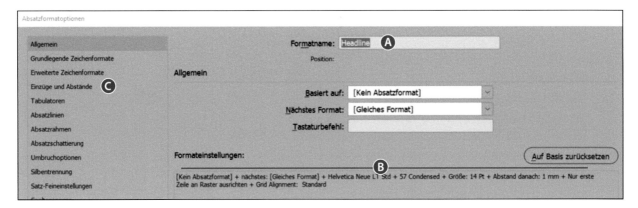

1   Markieren Sie die erste Überschrift *Vege-
    tarische Tapas.*

2   Formatieren Sie die Überschrift in der ge-
    wünschten Schrift und Schriftgröße, hier:
    Neue Helvetica, Condensed, 14 pt.

3   Öffnen Sie die Absatzformate im Menü
    Fenster > Formate > Absatzformate.

4   Klicken Sie auf ⊞ rechts unten, um ein
    neues Absatzformat zu erstellen.
    • Doppelklicken Sie auf das Format.
    • Nennen Sie es z.B. *Headline* Ⓐ.
    • Die zuvor für die Überschrift getrof-
      fenen Einstellungen werden in das
      Format übernommen Ⓑ.
    • Klicken Sie links auf *Einzüge und Ab-
      stände* Ⓒ und wählen Sie bei
      Am Raster ausrichten: Alle Zeilen.
    • Bestätigen Sie mit *OK.*

5   Wenden Sie das Format auf die weiteren
    Überschriften an, indem Sie zuerst mit
    dem Cursor in die Zeile und danach auf
    das Absatzformat *Headline* klicken.

6   Markieren Sie die erste Textzeile unter der Überschrift.

7   Formatieren Sie die Zeile in der gewünschten Schrift
    und Schriftgröße, hier: Neue Helvetica, Light Conden-
    sed, 10 pt.

8   Platzieren Sie einen Tabulator, um die Preise am rech-
    ten Rand anzuzeigen:
    • Wählen Sie *Schrift > Tabulatoren.*
    • Wählen Sie den rechtsbündigen Tabulator Ⓓ.
    • Klicken Sie ins Lineal, um den Tabulator (an einer
      beliebigen Stelle) zu setzen Ⓔ.
    • Geben Sie als X-Wert 80 mm ein Ⓕ.
    • Platzieren Sie den Cursor zwischen Text und Preis
      Ⓖ und drücken Sie die Tabulator-Taste.

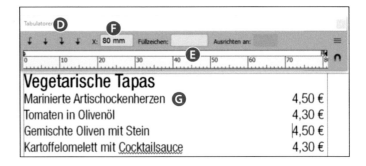

9 Klicken Sie in den Absatzformaten auf 🔲, um ein neues Absatzformat zu erstellen.
- Doppelklicken Sie auf das neue Format und geben Sie ihm den Namen *Fließtext* **A**.
- Klicken Sie links auf *Einzüge und Abstände* **B** und wählen Sie bei *Am Raster ausrichten: Alle Zeilen* **C**.
- Geben Sie dem Format unter *Einzüge und Abstände* einen linken Rand von 12 mm **D**.
- Bestätigen Sie mit *OK*.

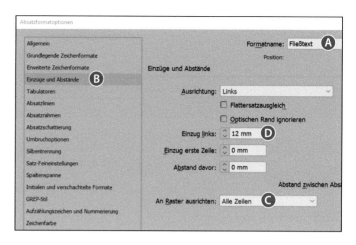

10 Formatieren Sie alle weiteren Textzeilen mit dem neuen Absatzformat. Hinweis: Den Tabulator müssen Sie leider manuell in jeder Zeile setzen.

11 Erstellen Sie ein drittes Absatzformat *Subline* zur Formatierung der Zwischenüberschriften bei den Getränken, hier: Neue Helvetica, Condensed, 12 pt.

12 Um die Preise stärker hervorzuheben, erstellen Sie für diese ein Zeichenformat[1]:
- Markieren Sie den ersten Preis und ändern Sie die Formatierung, hier: Neue Helvetica, Medium, 8 pt **E**.
- Öffnen Sie die Zeichenformate im Menü *Fenster > Formate > Zeichenformate*.
- Klicken Sie auf 🔲 rechts unten, um ein neues Zeichenformat zu erstellen.
- Doppelklicken Sie auf das neue Format und geben Sie ihm den Namen *Preise*.
- Wenden Sie das neue Format nacheinander auf alle Preise an: Markieren Sie hierzu den Preis und klicken Sie danach auf das Zeichenformat.

---

1 Im Unterschied zu Absatzformaten werden Zeichenformate nur auf den Bereich angewandt, der zuvor mit der Maus markiert wurde. Auf diese Weise lassen sich bestimmte Teile eines Absatzes anders formatieren.

Grafiken ausrichten

1 Platzieren Sie die Grafiken so, dass sich ihre Unterkante auf Höhe der Überschrift befindet.

2 Wählen Sie im Menü *Fenster > Textumfluss* die Option *Umfließen* **F** und geben Sie einen rechten Abstand von 5 mm ein **G**.

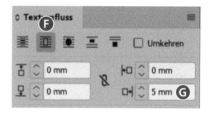

PDF exportieren

1 Öffnen Sie den Exportdialog unter Menü *Datei > Exportieren…* [STRG] [E] (⊞) bzw. [command] [E] (🍎)

2 Speichern Sie die Datei als *Adobe PDF (Druck) (*.pdf)*.

3 Im PDF-Exportdialog wählen Sie als Adobe PDF-Vorgabe: *Druckausgabequalität*. Belassen Sie die Voreinstellungen der verschiedenen Optionsdialoge.

Briefing

Szenario

Für die Landesgartenschau in Bad Muhlau im Jahr 2031 wird ein Plakat benötigt. Das Plakat soll die Landesgartenschau ankündigen, über den Zeitpunkt der Veranstaltung informieren und Lust auf einen Besuch machen.

Der Kunde verfügt bereits über ein Logo. Es wurden Natur- bzw. Blumenbilder zur Verfügung gestellt,

SOFTWARE

- InDesign (oder anderes Layoutprogramm)
- Illustrator (oder anderes Grafikprogramm)
- PDF-Betrachter, z. B. Adobe Reader

DATEN

www.bi-me.de/download

VORWISSEN

S. 19: Schriftfamilie
S. 40: Lesbarkeit
S. 58: Schrifteinsatz

S. 16: Format
S. 24: Schrift
S. 50: Textrahmen
S. 51: Schriftformatierung
S. 52: Objektrahmen

eine rein grafische Gestaltung ist aber auch möglich. Die Grünanlagen sind noch nicht fertiggestellt, daher können keine Bilder des realen Geländes verwendet werden.

Das Format des Plakates beträgt 29,7 x 42 cm (DIN A3, Hochformat). Das Konzept sollte skalierbar sein und auch in größeren Formaten, z. B. A1, funktionieren.

© Springer Fachmedien Wiesbaden GmbH, ein Teil von Springer Nature 2021
P. Bühler et al., *Printmedien-Projekte*, Bibliothek der Mediengestaltung,
https://doi.org/10.1007/978-3-658-31382-1_3

Technische Angaben

Format

Das gewünschte Format ist in diesem Fall DIN A3 (29,7 x 42 cm). Die Gestaltung lässt sich prinzipiell problemlos z.B. auch auf A1 skalieren, ein paar Aspekte gibt es aber zu beachten:

- Auf A3 sind auch kleinere Schriftgrade (unter 30 pt) und größere Textmengen denkbar, da diese Plakate oft im Innenbereich aufgehängt und dadurch auch eher aus der Nähe betrachtet werden.
- Bei Plakaten über A3 kann die Auflösung von Bildern reduziert werden, je größer der Betrachtungsabstand, desto geringer ist die notwendige Auflösung.

Druckdaten

- Format: 29,7 x 42 cm **A**
- Schrift: Myriad (wenn verfügbar)
- Beschnittzugabe: 3 mm **B**
- Farben: 4/0, also einseitig vierfarbig
- Papiergewicht (Grammatur), z.B. 135 g/m²
- Papiersorte, z.B. Bilderdruck matt

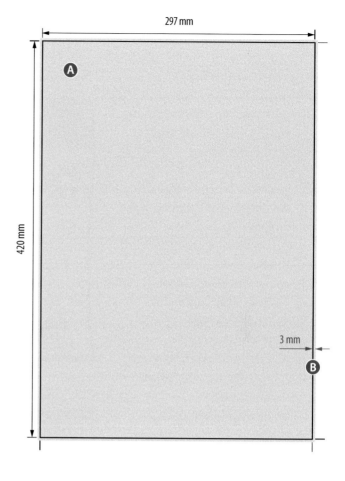

Planung

Download

- Unter www.bi-me.de/download die Daten herunterladen

Konzeption

- Logo, Texte und Fotos sichten
- Wichtigkeit der Informationen bewerten
- Plakatentwürfe (manuell) anfertigen

Layout

- Dokument in InDesign anlegen
- Texte importieren
- Logo und Fotos importieren und platzieren

- Entwürfe in InDesign umsetzen
- Entwürfe bewerten und favorisiertes Layout auswählen
- Ggf. Optimierungen durchführen

PDF

- InDesign-Dokument verpacken
- Druck-PDF erzeugen

Produktion

Entwürfe anfertigen

1 Laden Sie die Arbeitsdateien zum Projekt herunter und sichten Sie diese.

2 Folgende Inhalte müssen auf dem Plakat Verwendung finden:
- Logo der Landesgartenschau
- Der Zeitraum: „06.04. – 26.10.2031" (alternativ können die Monate ausgeschrieben und der „–" durch „bis" ersetzt werden.
- Die URL „www.laga-bad-muhlau.de"

Die geringe Informationsmenge ist eine gute Voraussetzung für die Plakatgestaltung. Problematisch ist, dass der Titel „Landesgartenschau" wie auch das Jahr „2031" im Logo relativ klein dargestellt sind. Bei den Entwürfen muss daher in Erwägung gezogen werden, diese beiden Texte ein zweites Mal darzustellen. Dopplungen von Informationen sind zwar eigentlich zu vermeiden, hier könnte es jedoch notwendig sein.

3 Scribbeln Sie mehrere Entwürfe für das Plakat, entweder auf Papier oder auf einem Tablet.
- Visualisieren Sie die Grafiken, Fotos oder Farbflächen mit Rechtecken. Noch anschaulicher ist es, wenn Sie die Grafiken und Fotos scribbeln.
- Stellen Sie Text in Form von dicken Linien dar, bei großen Texten empfiehlt es sich, die Texte zu schreiben.
- Bei Plakaten kann es sinnvoll sein, mehrere Entwürfe in InDesign zu realisieren, um leichter auswählen zu können. Wählen Sie hierzu mehrere Entwürfe aus.

ID-Dokument erstellen

Neues ID-Dokument anlegen

1 Erstellen Sie ein neues InDesign-Dokument unter Menü *Datei > Neu…* oder mit `STRG` `N` (⊞) bzw. `command` `N` (⌘).

- Wählen Sie den Reiter *Druck* **Ⓐ** aus.
- Wählen Sie *Alle Vorgaben anzeigen* und dann *A3* **Ⓑ** aus. Alternativ können Sie die Maße 297 mm (Breite) und 420 mm (Höhe) **Ⓒ** eingeben.
- Deaktivieren Sie die Checkbox *Doppelseite* **Ⓓ**.
- Geben Sie als Ränder 0 mm **Ⓔ** ein.
- Geben Sie für den Anschnitt 3 mm **Ⓕ** ein.
- Bestätigen Sie die Eingaben mit *Erstellen* **Ⓖ**.

2 Wenn Sie mehrere Plakatentwürfe umsetzen möchten, fügen Sie im Fenster *Seiten* weitere Seiten **Ⓗ** hinzu.

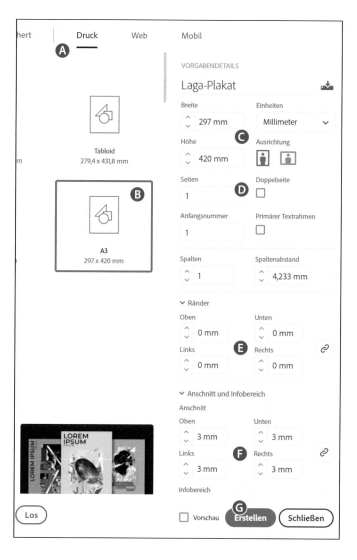

Plakat gestalten

Text platzieren und formatieren

1 Ziehen Sie an einer beliebigen Stelle mit dem Textwerkzeug **T** einen Rahmen für die Texte auf.

2 Öffnen Sie die Textdatei *Text_Laga-Plakat.txt* in einem Textverarbeitungsprogramm, wie z. B. *TextEdit, Editor* oder *Word,* und kopieren Sie den Text in die Zwischenablage. Fügen Sie den Text im Textrahmen ein.

3 Formatieren Sie die Texte vorab: Myriad, SemiCondensed, 60 pt.

4 Speichern Sie den Zwischenstand unter dem Namen *Laga_Plakat.indd* ab.

Logo und Grafikelemente platzieren

1 Ziehen Sie einen Rahmen an der Stelle auf, an der das Logo platziert werden soll.

2 Platzieren Sie das Logo:
- Wählen Sie Menü *Datei > Platzieren…* oder die Tastenkombination STRG D (⊞) bzw. command D (🍎).
- Wählen Sie die Datei *Laga_Bad-Muhlau_Logo.eps* aus und bestätigen Sie mit *Öffnen*.
- Passen Sie die Größe des Logos an, indem Sie den Rahmen mit gedrückter Tastenkombination ⇧ STRG (⊞) bzw. ⇧ command (🍎) an einer Ecke **A** ziehen.

3 Importieren Sie das Grafikelement des Logos:
- Öffnen Sie die Datei *Laga_Bad-Muhlau_Logo.eps* in Illustrator.
- Wählen Sie mit dem Auswahl-Werkzeug ▶ das Grafikelement **B** aus. Lösen Sie vorab, falls notwendig, vorhandene Gruppierungen.
- Kopieren Sie mit gedrückter Tastenkombination STRG C (⊞) bzw. command C (🍎) das Grafikelement und fügen Sie es mit gedrückter Tastenkombination STRG V (⊞) bzw. command V (🍎) in In-Design ein.

Layout umsetzen

Realisieren Sie Ihren Layoutentwurf. Folgende Tipps helfen Ihnen dabei:

1 Achten Sie darauf, dass der Betrachter sinnvoll durch Ihr Plakat geleitet wird:
- Meist landet der erste Blick des Betrachters etwa auf 1/3 der Plakathöhe **A**. Platzieren Sie hier also besonders wichtige Informationen.
- Leiten Sie dann den Blick des Be-

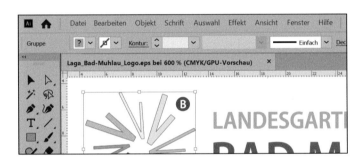

trachters durch das Plakat. Achten Sie durch eine bewusste Wahl des Schriftschnittes und der Farbe von Elementen darauf, dass sich die Elemente keine Konkurrenz machen. Wenn Elemente gleichermaßen bedeutend wirken, wie in der rechten Abbildung das Logo **B** und der Zeitraum **C**, dann verhindert es eine gute Blickführung.

2   Nutzen Sie, wenn möglich, einen *Eyecatcher*, um Aufmerksamkeit bei der Zielgruppe zu generieren. Hier übernimmt dies das Blumenfoto **D**.

3   Achten Sie auf gemeinsame Kanten, richten Sie Elemente an anderen Elementen aus **E**, dadurch wirkt eine Gestaltung ruhiger auf den Betrachter.

4   Nutzen Sie vorhandene Formen, wie hier Teile aus dem Grafikelement des Logos **F**.

5   Bleiben Sie den verwendeten Formen und Farben treu.
    • Greifen Sie Farben aus dem Logo oder einem verwendeten Foto nochmals auf, dadurch wirkt eine Gestaltung besonders harmonisch.
    • Bleiben Sie ihrem Stil treu, wenn Sie Kanten oder Rundungen oder Schatten verwenden.

6   Vorsicht bei Schrägstellungen **G**, schnell werden Texte schwer lesbar und werden dann nicht gelesen. Bedenken Sie, dass die meisten Menschen Werbung eher beiläufig wahrnehmen – oder eben auch nicht.

7   Bei bestimmten Elementen ist eine metrische Ausrichtung nicht zielführend. Das Logo der Landesgartenschau muss in

diesem Fall optisch ausgerichtet werden **H**, da es sonst zu weit rechts positioniert wäre. Ursache ist hier die Kreisform, die wie manche Buchstaben (z. B. „W" oder „A") links keine optisch wirksame „Kante" hat, wie etwa ein Quadrat oder der Buchstabe „H" oder „F".

8 Doppelte Elemente wirken meist irritierend auf den Betrachter.

- Das zusätzlich platzierte Grafikelement **Ⓐ** aus dem Logo irritiert bei diesem Layout. Beim Layout auf der vorigen Seite waren die Farbflächen so stark vergrößert, dass dieser Effekt der *Ähnlichkeit* nicht auftrat. Auch beim Layout auf der rechten Seite tritt dieser Effekt beim Grafikelement **Ⓘ** nicht auf.
- Die doppelte Verwendung der Texte „Landesgartenschau" und „2031" **Ⓑ** ist einerseits von Nachteil, da doppelte Informationen wertvollen Platz „verschwenden", andererseits bekommt so die Information „Landesgartenschau" mehr Aufmerksamkeit. Auf Trennstriche wurde hier (und beim unteren Layout) aus gestalterischen Gründen verzichtet.

9 Verteilen Sie die einzelnen Texte in Ihrem Layout auf mehrere Textrahmen. So können Sie flexibel Texte auf Ihrem Layout „herumschieben" und unterschiedliche Positionen „ausprobieren".

10 Geben Sie Elementen Halt. Wenn zu viele Elemente frei stehen, helfen farbige Balken, wie hier bei der Webadresse **Ⓒ**.

11 Wenn Sie Texte oder Grafiken auf einem Foto platzieren möchten, dann sind Texte **Ⓓ** oft schlecht lesbar und Grafiken schlecht erkennbar **Ⓔ**. Gestalterisch gibt es zwei gute Lösungen für dieses Problem:

- Eine Hinterlegung mit Farbboxen **Ⓕ** sorgt für klare

Kontraste und einwandfreie Lesbarkeit. Wenn viele Farbboxen benötigt werden, wirkt dies jedoch unruhig und überladen.

- Beim Logo ist in diesem Fall ein Farbbalken **G** die einzige sinnvolle Lösung, bei den Texten **H** sorgt auch ein unauffälligeres Mittel für eine bessere Lesbarkeit: Im Fenster *Effekte* kann z. B. ein Schein nach außen aktiviert werden, wodurch sich der weiße Text an den hellen Bildstellen besser abhebt.

12 Im Vergleich zu den anderen Plakaten werden Sie feststellen, dass das Layout auf der linken Seite unten durch das großformatige Foto am wenigsten optischen Bezug zum Logo aufweist. Das Thema wird hingegen vermutlich am Besten vor Augen geführt.

13 Sie können Vektorformen **I** auch als Bildrahmen nutzen. Ziehen Sie dazu ein Foto auf eine Vektorform bzw. wählen Sie, nachdem Sie die Vektorform ausgewählt haben, Menü *Datei > Platzieren…* oder die Tastenkombination [STRG] [D] (⊞) bzw. [command] [D] (⌘).

14 Das zentrierte Layout auf dieser Seite wirkt jedoch eher unauffällig. Der Zeitraum und die URL wurden zwar zentriert, diese Anordnung ist aber nicht wirklich stimmig mit den unregelmäßigen Elementen ringsherum.

Layout auswählen

Wählen Sie nun aus, welcher Ihrer Entwürfe die Aufgabe am besten erfüllt:

1 Drucken Sie Ihre Entwürfe (wenn möglich) in Originalgröße aus.

2 Analysieren und bewerten Sie Ihre Entwürfe, wählen Sie – wenn möglich nach Rücksprache mit dem „Kunden" (Mitschüler/in, Lehrkraft) – den besten Entwurf aus.

3 Führen Sie ggf. Optimierungen durch, die sich vielleicht aus den Gesprächen mit dem „Kunden" ergeben haben.

Verpacken und PDF erstellen

1 Verpacken:
- Öffnen Sie den Verpackendialog unter Menü *Datei > Verpacken…*
- Es öffnet sich ein Dialogfenster. Klicken Sie auf *Verpacken…* und folgen Sie den weiteren Anweisungen.

2 PDF erstellen:
- Öffnen Sie den Exportdialog unter Menü *Datei > Exportieren…* oder mit [STRG] [E] (⊞) bzw. [command] [E] (⌘).
- Speichern Sie die Datei als *Adobe PDF (Druck) (*.pdf)*.
- Im PDF-Exportdialog wählen Sie als Adobe PDF-Vorgabe: *Druckausgabequalität*. Belassen Sie die Voreinstellungen der verschiedenen Optionsdialoge.

Geschäftsausstattung

Briefing

Szenario

Für das Unternehmen Amudo soll eine Geschäfts-
ausstattung gestaltet werden. Unter *Geschäftsaus-
stattung* versteht man jene Werbemittel, die für
die meisten Unternehmen Voraussetzung sind, um
arbeiten zu können. Meist zählen dazu mindestens
folgende Werbemittel: Briefbogen, Visitenkarten,
Briefumschläge, Stempel.

SOFTWARE

- InDesign (oder anderes Layoutprogramm)
- Illustrator (oder anderes Grafikprogramm)
- PDF-Betrachter, z. B. Adobe Reader

DATEN

www.bi-me.de/download

VORWISSEN

S. 19: Schriftfamilie
S. 40: Lesbarkeit
S. 58: Schrifteinsatz

Typografie

S. 16: Format
S. 24: Schrift
S. 50: Textrahmen
S. 51: Schriftformatierung
S. 52: Objektrahmen

Printdesign

In diesem Projekt werden Sie einen Briefbogen, eine Visitenkarte und einen Stempel
realisieren. Ein Logo ist vorhanden und soll
beibehalten werden.

Technische Angaben

Briefbogen

- Format: DIN A4 hoch
- Rand oben: 45 mm
- Rand unten: 30 mm
- Rand links: 25 mm
- Rand rechts: 20 mm
- Anschnitt: 3 mm
- Schrift: Myriad (wenn verfügbar)
- Druckverfahren: Offsetdruck
- Papier: z. B. 100 g/m²

Visitenkarte

- Format: 85 x 55 mm
- Rand oben, unten, links und rechts: 4 mm
- Anschnitt: 3 mm
- Schrift: Myriad (wenn verfügbar)
- Druckverfahren: Digitaldruck
- Papier: z. B. 250 g/m²

Stempel

- Format: 56 x 35 mm
- Einfarbig
- Schrift: Myriad (wenn verfügbar)
- Verfahren: Lasergravur

Planung

Download

- Unter www.bi-me.de/download die Daten herunterladen

Layout

- Dokumente in InDesign anlegen
- Texte importieren
- Logo importieren und platzieren
- Layout in InDesign umsetzen

PDF

- InDesign-Dokumente verpacken
- Druck-PDFs erzeugen

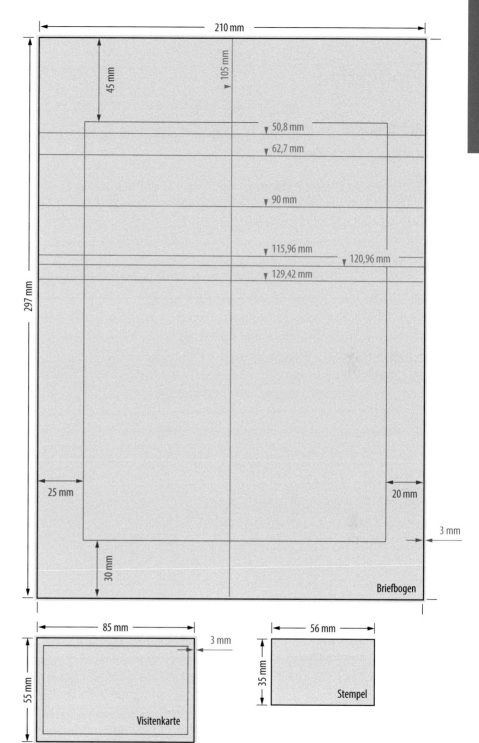

Produktion

Briefbogen

ID-Dokument erstellen

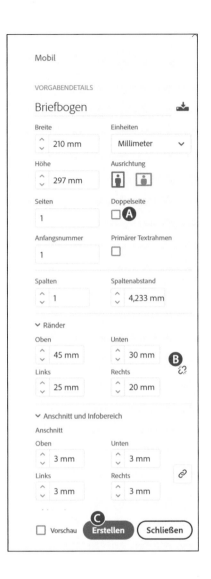

1 Laden Sie die Arbeitsdateien zum Projekt herunter und sichten Sie diese.

2 Erstellen Sie in InDesign unter Menü *Datei > Neu > Dokument…* eine neue Datei im Reiter *Druck*.

3 Deaktivieren Sie die Checkbox *Doppelseite* **A**.

4 Lösen Sie die Verkettung der Ränder **B**.

5 Geben Sie die Werte der technischen Angaben ein. Die Angaben zu den Rändern entsprechen der DIN 5008.

6 Bestätigen Sie die Eingaben mit *Erstellen* **C**.

Musterseite bearbeiten

1 Wählen Sie in dem Fenster *Seiten* **D** mit einem Doppelklick *A-Musterseite* **E** aus.

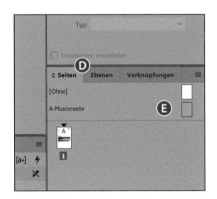

2 Stellen Sie sicher, dass die Lineale eingeblendet sind. Wählen Sie dazu im Menü *Ansicht > Lineale einblenden* oder verwenden Sie die Tastenkombination [STRG] [R] (⊞) bzw. [command] [R] ().

3 Stellen Sie sicher, dass die Hilfslinien eingeblendet sind. Wählen Sie dazu im Menü *Ansicht > Raster und Hilfslinien > Hilfslinien einblenden* oder verwenden Sie die Tastenkombination [STRG] [Ü] (⊞) bzw. [command] [Ü] ().

4 Erstellen Sie auf der Musterseite Hilfslinien gemäß den technischen Angaben. Die Angaben zu den Rändern entsprechen der DIN 5008. Klicken Sie hierzu auf ein Lineal **A** und ziehen Sie mit gedrückter Maustaste eine Hilfslinie **B** heraus. Während eine Hilfslinie markiert ist, können Sie oben im Menü **C** die exakte Position der Hilfslinie eingeben.

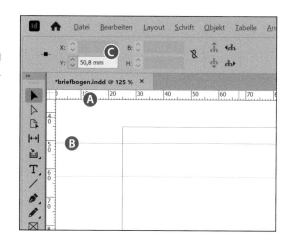

5 Fügen Sie als Logo die Datei *Amudo_Logo.eps* ein. Wählen Sie dazu Menü *Datei > Platzieren…*, alternativ verwenden Sie die Tastenkombination [STRG] [D] (⊞) bzw. [command] [D] (🍎). Positionieren Sie das Logo an die Position x = 150 mm, y = 20 mm **D** mit einer Breite von 54,4 mm.

6 Fügen Sie die Texte aus der Datei *Text_Briefbogen.txt* ein. Wählen Sie, wenn verfügbar, die Schriftart *Myriad*, Schriftgröße: 8 pt.

- Ziehen Sie an einer beliebigen Stelle mit dem Textwerkzeug **T** einen Rahmen **E**, linksbündig mit dem Logo, in den Sie die Kontaktdaten einfügen.
- Erstellen Sie einen Textrahmen **F**, in den Sie die Absenderdaten einfügen.
- Erstellen Sie mit dem Rechteck-Werkzeug ein Rechteck **G**, im Bereich des unteren Randes, das an drei Seiten in den Anschnitt hineingeht. Das Rechteck ist dann 216 mm breit und 33 mm hoch. Füllen Sie das Rechteck mit der Logofarbe C85, M50, Y0, K0.
- Erstellen Sie einen zweispaltigen Textrahmen **H** mit 5 mm Spaltenabstand, in den Sie die Fußbereichsangaben einfügen. Positionieren Sie den Textrahmen an die Position x = 25 mm, y = 272 mm. Wählen Sie für die Textfarbe *Papier* und als Schriftschnitt *Semibold*.

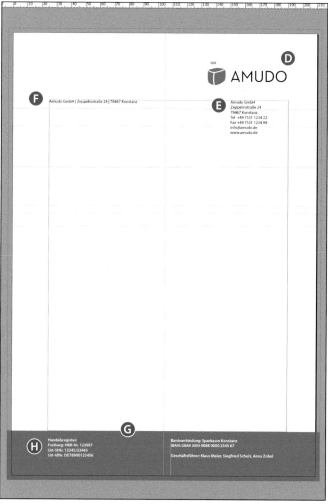

Beispielinhalt bearbeiten

1 Wechseln Sie auf die Inhaltsseite, indem Sie in dem Fenster *Seiten* **A** mit einem Doppelklick die Seite *1* **B** anklicken.

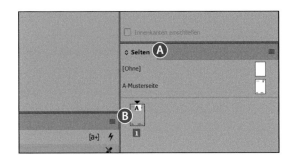

2 Fügen Sie die Texte aus der Datei *Text_Briefbogen.txt* ein. Wählen Sie, wenn verfügbar, die Schriftart *Myriad*, Schriftgröße: 10 pt.

  - Erstellen Sie einen Textrahmen **C**, in den Sie die Adresse einfügen.
  - Erstellen Sie einen Textrahmen **D**, in den Sie den Betreff einfügen. Wählen Sie hierfür den Schriftschnitt *Bold*.
  - Erstellen Sie einen Textrahmen **E**, in den Sie den Briefinhalt einfügen.

3 Markieren Sie die Zeilen mit der Telefon- und der Faxnummer **F**. Fügen Sie einen Tabulator ein, damit die Zahlen genau untereinander stehen. Wählen Sie dazu Menü *Schrift > Tabulatoren*, alternativ verwenden Sie die Tastenkombination STRG ⇧ T (⊞) bzw. command ⇧ T (). Klicken Sie auf das Lineal **G** und geben Sie als Wert *4,5 mm* **H** ein.

4 Wählen Sie die Textzeile **** Unterschrift als Bild **** **I** aus und platzieren Sie das Bild *Unterschrift.jpg* **J**. Wählen Sie dazu Menü *Datei > Platzieren…*, alternativ verwenden Sie die Tastenkombination STRG D (⊞) bzw. command D ().

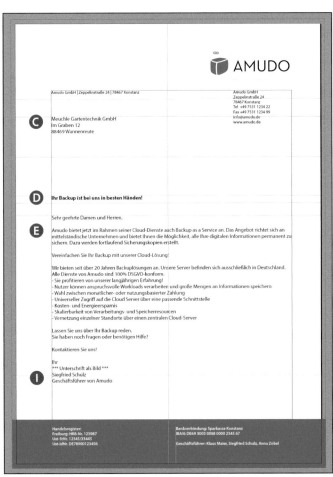

Visitenkarte

ID-Dokument erstellen

1 Erstellen Sie in InDesign unter Menü *Datei > Neu > Dokument…* eine neue Datei im Reiter *Druck*.

2 Geben Sie im Eingabefeld *Seiten 2* ein **A**.

3 Deaktivieren Sie die Checkbox *Doppelseite* **B**.

4 Geben Sie die Werte der technischen Angaben ein.

5 Bestätigen Sie die Eingaben mit *Erstellen* **C**.

Layout der Vorderseite bearbeiten

1 Fügen Sie als Logo die Datei *Amudo_Logo.eps* ein. Wählen Sie dazu Menü *Datei > Platzieren…*, alternativ verwenden Sie die Tastenkombination [STRG] [D] (⊞) bzw. [command] [D] (⌘). Positionieren Sie das Logo an die Position x = 44 mm, y = 5 mm **D**.

2 Fügen Sie die Texte aus der Datei *Text_Visitenkarte.txt* ein. Wählen Sie, wenn verfügbar, die Schriftart *Myriad*, Schriftgröße: 9 pt.
   - Erstellen Sie einen Textrahmen **E**, linksbündig mit dem Rand, in den Sie den Text einfügen. Wählen Sie per Rechtsklick auf den Textrahmen *Textrahmenoptionen…* Wählen Sie unter *Vertikale Ausrichtung* im Drop-down-Menü Ausrichten: *Unten*.
   - Formatieren Sie den Namen **F**: Myriad, Semibold, 13 pt. Wählen Sie in der oberen Menüleiste Abstand unten ⊟ 1 mm.
   - Formatieren Sie den Firmennamen **G**: Myriad, Semibold, Farbe C100, M50, Y0, K0. Stempel

Layout der Rückseite bearbeiten

1 Wechseln Sie auf die Rückseite, indem Sie in dem Fenster *Seiten* mit einem Doppelklick die Seite *2* anklicken.

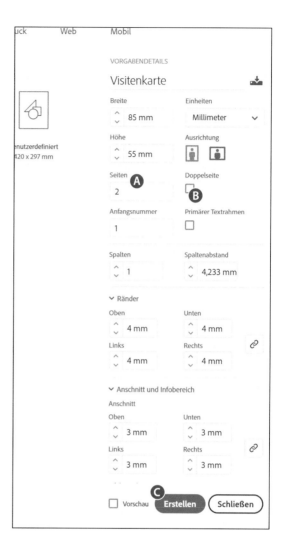

2 Erstellen Sie mit dem Rechteck-Werkzeug ein Rechteck, das die gesamte Visitenkarte ausfüllt und in den Anschnitt hineingeht. Füllen Sie das Rechteck mit der Logofarbe C85, M50, Y0, K0.

3 Fügen Sie als Logo die Datei *Amudo_Logo_w.eps* ein. Wählen Sie dazu Menü *Datei > Platzieren…*, alternativ verwenden Sie die Tastenkombination ⌷STRG⌷ ⌷D⌷ (⊞) bzw. ⌷command⌷ ⌷D⌷ (). Skalieren Sie das Logo auf 36 mm Breite. Positionieren Sie das Logo an die Position mittig, indem Sie es so positionieren, dass die mittleren *intelligenten Hilfslinien* erscheinen Ⓐ.

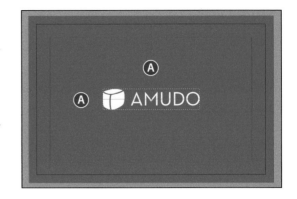

Stempel

ID-Dokument erstellen

1 Erstellen Sie in InDesign unter Menü *Datei > Neu > Dokument…* eine neue Datei im Reiter *Druck*.

2 Deaktivieren Sie die Checkbox *Doppelseite* Ⓑ.

3 Geben Sie die Werte der technischen Angaben ein.

4 Geben Sie bei *Ränder* und *Anschnitt* Ⓒ *0 mm* ein.

5 Bestätigen Sie die Eingaben mit *Erstellen* Ⓓ.

Layout bearbeiten

1 Fügen Sie als Logo die Datei *Amudo_Logo_sw.eps* ein. Wählen Sie dazu Menü *Datei > Platzieren…*, alternativ verwenden Sie die Tastenkombination ⌷STRG⌷ ⌷D⌷ (⊞) bzw. ⌷command⌷ ⌷D⌷ (). Positionieren Sie das Logo mit einer Breite von 48 mm an die Position x = 0 mm, y = 0 mm Ⓔ.

2 Erstellen Sie einen Textrahmen Ⓕ an der Position x = 14 mm, y = 16 mm bis zum rechten und unteren Rand.

3 Fügen Sie die Texte aus der Datei *Text_Stempel.txt* in den Textrahmen ein. Wählen Sie, wenn verfügbar, die Schriftart *Myriad*, Semibold, Schriftgröße: 9 pt.

Verpacken und PDF erstellen

Bei der Erstellung Ihrer Werbemittel in InDesign haben Sie Bilder platziert, Texte gesetzt und formatiert. Beides, Bilder und Zeichensätze, sind nicht Teil der InDesign-Datei, sondern nur mit ihr verknüpft. Beim Verpacken werden alle verknüpften Elemente zusammen mit der InDesign-Datei in einem Ordner gespeichert. Der verpackte Ordner mit allen verknüpften Elementen dient dem externen Austausch oder Archivieren des Projekts.

1   Öffnen Sie den Verpackendialog unter Menü *Datei > Verpacken…*

2   Es öffnet sich ein Dialogfenster. Klicken Sie auf *Verpacken…*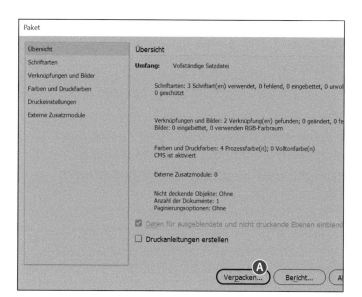

3   Treffen Sie im nächsten Dialogfenster folgende Einstellungen:
- Definieren Sie einen Ordner **B**, in dem alle gesammlten Dateien gespeichert werden.
- Speichern Sie alle verwendeten Schriften **C** in dem Ordner.
- Speichern Sie alle verknüpften Fotos und Grafiken **D** in dem Ordner und aktualisieren Sie die Verknüpfungen **E**, damit Sie sicher sein können, dass alles auf dem aktuellen Stand ist.
- Falls Sie das Dokument in einer älteren Version von InDesign öffnen können möchten, dann wählen Sie *IDML einschließen* **F**.

- Erstellen Sie beim Verpacken parallel ein PDF im Standard *PDF/X-3:2002* **G**.

4   Bestätigen Sie die Einstellungen mit *Verpacken* **H**.

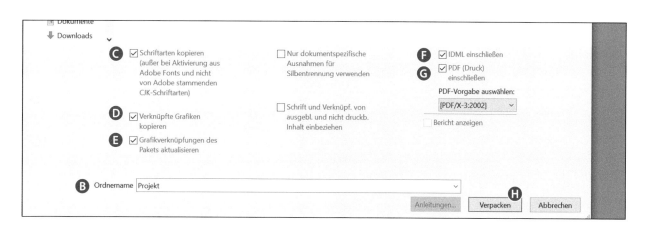

Bildpostkarte

Briefing

Szenario

Für die Teilnahme am Postcrossing-Projekt soll eine Bildpostkarte mit einem für Ihre Gemeinde, Stadt oder Region typischen Motiv erstellt werden. Das Motiv wird mit Photoshop grafisch verfremdet werden. Zentral ist dabei die farbige und plakative Wirkung.

Postcrossing ist ein internationales Projekt. Es wurde 2005 von dem Portugiesen Paulo Magalhães gegründet. Mittlerweile hat Postcrossing rund 800 000 Mitglieder in 210 Ländern (Stand 2020).

Weit über 50 Millionen Postkarten wurden bisher von den Postcrossern verschickt. Ziel des Projekts ist es, Menschen auf der ganzen Welt durch Postkarten zu verbinden, unabhängig von Land, Alter, Geschlecht, Rasse oder Glauben. Nähere Informationen zum Projekt erhalten Sie auf der Postcrossing-Website unter https://www.postcrossing.com.

SOFTWARE

- Photoshop (oder anderes Bildbearbeitungsprogramm
- InDesign (oder anderes Layoutprogramm)

DATEN

www.bi-me.de/download

VORWISSEN

S. 4:   Bildausschnitt
S. 20:   RGB-System
S. 26:   TIFF
S. 48:   Licht und Tiefe
S. 90:   Bildgröße und Auflösung

Digitales Bild

S. 2:   Seitenformat
S. 25:   PDF-Export
S. 36:   Bilddateien
S. 41:   Dateiformat
S. 49:   RGB-System

Druckvorstufe

© Springer Fachmedien Wiesbaden GmbH, ein Teil von Springer Nature 2021
P. Bühler et al., *Printmedien-Projekte*, Bibliothek der Mediengestaltung,
https://doi.org/10.1007/978-3-658-31382-1_5

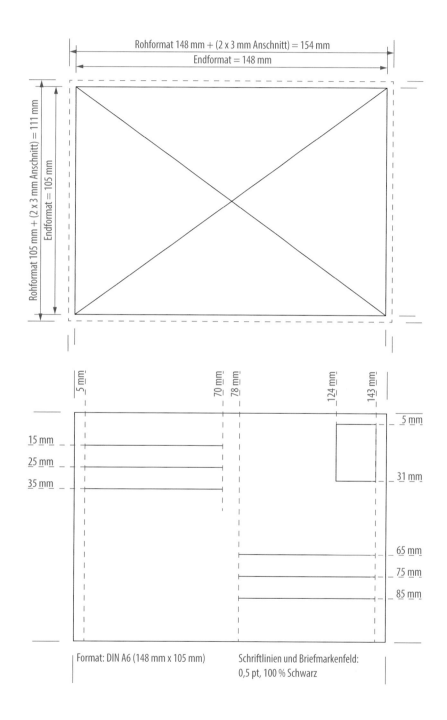

Technische Angaben

Layout

- Endformat: DIN A6, 148 mm x 105 mm
- Rohformat: 154 mm x 111 mm
- Anschnitt: 3 mm umlaufend

Bild

- TIFF, 300 dpi, RGB-Modus

Druck

- Digitaldruck
- Vorderseite vierfarbig
- Rückseite einfarbig

Rohformat 148 mm + (2 x 3 mm Anschnitt) = 154 mm
Endformat = 148 mm

Rohformat 105 mm + (2 x 3 mm Anschnitt) = 111 mm
Endformat = 105 mm

5 mm

70 mm

78 mm

124 mm

143 mm

5 mm

15 mm

25 mm

35 mm

31 mm

65 mm

75 mm

85 mm

Format: DIN A6 (148 mm x 105 mm)

Schriftlinien und Briefmarkenfeld:
0,5 pt, 100 % Schwarz

Bildpostkarte

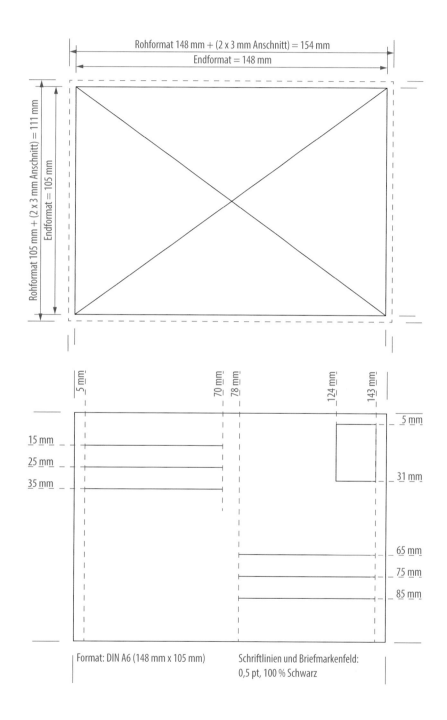

Planung

Bilddatei

- Beispielbild herunterladen
- Bildgestaltung konzipieren
- Korrekturbedarf analysieren

Bildbearbeitung

- Basiskorrekturen durchführen
- Bildmodifikation durchführen
- Format festlegen
- Bilddatei speichern

Layoutdatei

- Bilddatei platzieren
- Bildausschnitt positionieren

Linienelemente

- Linien erstellen
- Linien positionieren

PDF

- PDF erstellen

Produktion

Tonwertumfang korrigieren

1 Öffnen Sie die Bilddatei in Photoshop unter Menü *Datei > Öffnen...* oder mit `STRG` `O` (⊞) bzw. `command` `O` (⌘).

2 Öffnen Sie im Fenster *Korrekturen* die Einstellungsebene *Tonwertkorrektur* **Ⓐ**.

3 Stellen Sie die Regler für die Tiefenkorrektur **Ⓑ** und für die Lichterkorrektur **Ⓒ** jeweils ans Ende der Tonwertverteilung **Ⓓ**. Das Ergebnis der Tonwertkorrektur sehen Sie im Histogramm **Ⓔ** als Tonwertspreizung auf den maximalen Tonwertumfang.

Tontrennung einstellen

1 Öffnen Sie die Einstellungsebene *Tontrennung* Ⓐ.

2 Stellen Sie Anzahl der Tonwerte ein. In unserem Beispiel geben Sie im Eingabefeld den Wert *4* ein Ⓑ. Die gleichmäßige Verteilung der 4 Tonwerte über den Tonwertumfang zeigt das Histogramm Ⓒ.

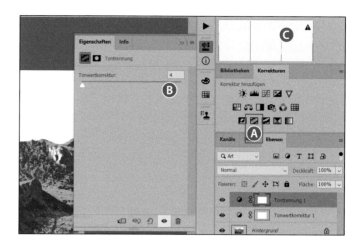

Himmel einfärben

1 Wählen Sie im Fenster *Ebenen* die Hintergrundebene Ⓓ aus.

2 Öffnen Sie den *Farbwähler* mit einem Klick auf die *Vordergrundfarbe* Ⓔ im Fenster *Werkzeuge*.

3 Wählen Sie ein kräftiges Himmelblau, in unserem Beispielbild: Rot 20, Grün 95, Blau 232 Ⓕ.

4 Wählen Sie durch einen Klick mit dem *Zauberstab* Ⓖ den Bereich des Himmels aus.

5 Öffnen Sie das Dialogfenster *Fläche füllen* Ⓗ unter Menü *Bearbeiten > Fläche füllen...*

6 Beenden Sie die Auswahl unter Menü *Auswahl > Auswahl aufheben* oder mit STRG O (⊞) bzw. command D (⌘).

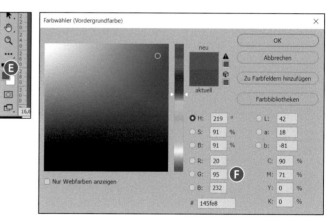

Bildebenen auf Hintergrund reduzieren

1   Wählen Sie im Kontextmenü des Fensters
    Ebenen **A** die Option *Auf Hintergrundebe-
    ne reduzieren*. Die Werte der Einstellungs-
    ebenen werden damit in die Hinter-
    grundebene eingerechnet.

Bildformat freistellen

1   Wählen Sie das *Freistellungswerkzeug* **B**.

2   Stellen Sie die Option *B x H x Auflösung*
    C ein und geben Sie die auf der Seite 37
    angegeben Maße ein.

3   Bestätigen Sie die Freistellung **D**.

Bild als TIFF speichern

1   Speichern Sie das Bild unter Menü *Datei
    > Speichern unter...*

2   Wählen Sie als Dateityp: *TIFF*. Im Dialog-
    feld TIFF-Optionen stellen Sie die Option
    Bildkomprimierung auf *Keine*. Die übrigen
    Einstellungen belassen Sie bei den Vor-
    einstellungen.

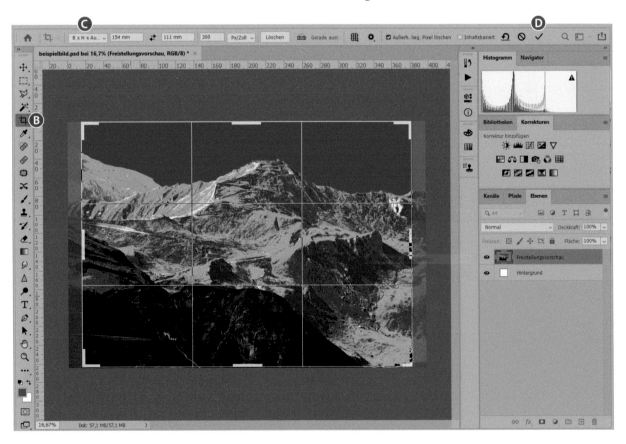

Layoutdatei erstellen

1 Erstellen Sie eine neue InDesign-Datei unter Menü *Datei > Neu > Dokument...* oder mit STRG N (⊞) bzw. command N (⌘).

2 Geben Sie die folgenden Werte in das Startfenster ein:
- Dateiname: Bildpostkarte **A**
- Breite und Höhe: 148 mm x 105 mm **B**
- Seitenanzahl: 2, Einzelseiten **C**
- Ränder: 5 mm **D**
- Anschnitt: 3 mm **E**

3 Bestätigen Sie Ihre Eingaben mit *Erstellen* **F**.

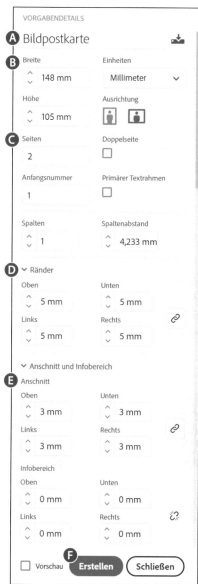

Bild platzieren

1 Öffnen Sie den Platzieren-Dialog mit Menü *Datei > Platzieren...*

2 Wählen Sie die Bilddatei *beispielbild.tif* 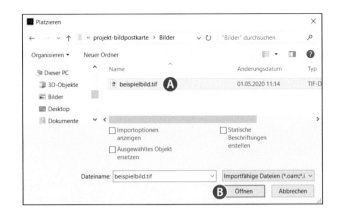 **A** aus und bestätigen Sie mit *Öffnen* **B**.

3 Platzieren Sie die Bilddatei mit einem Klick auf der ersten Seite.

4 Positionieren Sie das ausgewählte Bild mit gedrückter Maustaste im *Anschnittrahmen*.

Linienelemente erstellen

1 Wählen Sie das *Linienzeichner-Werkzeug* **C** im Fenster *Werkzeuge* aus.

2 Erstellen Sie die waagerechten Linien durch Ziehen mit gedrückter Maustaste bei gleichzeitig gedrückter Shifttaste ⇧.

3 Geben Sie die Werte des Layouts aus Seite 37 in der Einstellungsleiste ein.

4 Wählen Sie das *Rechteck-Werkzeug* **D** im Fenster *Werkzeuge* aus.

5 Zeichnen Sie das Rechteck. Die Maße entnehmen Sie ebenfalls dem Layout auf Seite 37.

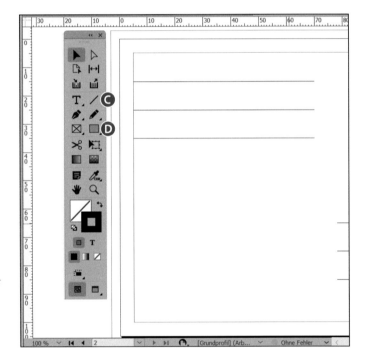

PDF exportieren

Im letzten Arbeitsschritt exportieren Sie das InDesign-Dokument als PDF.

1 Öffnen Sie den Exportdialog unter Menü *Datei > Exportieren...* oder mit STRG E (⊞) bzw. command E (🍎).

2 Speichern Sie die Datei als *Adobe PDF (Druck) (*.pdf)* 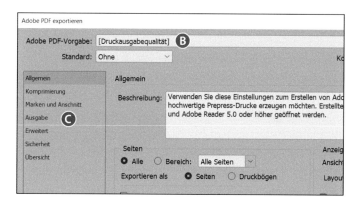.

3 Im PDF-Exportdialog wählen Sie als Adobe PDF-Vorgabe: *Druckausgabequalität* ⒷB. Belassen Sie die Voreinstellungen der verschiedenen Optionsdialoge ⒸC.

Bildkalender

Briefing

Szenario

Ein Wandkalender soll im Format DIN A 4 erstellt werden. Umfang 14 Blätter: 1 Deckblatt, 12 Monatsblätter und ein Schlussblatt mit Impressum. Das Bildthema sind Stadtansichten in Schwarz-Weiß. Die Bilddateien sind als Farbbilder gegeben. Neben den Bildern ist das Monatskalendarium ein wichtiges Element der Blattgestaltung. Es wird nicht vorgegeben und muss erstellt werden. Die InDesign-Datei soll als PDF in Druckausgabequalität ohne Druckermarken exportiert werden.

Stadtansichten 2022

© Springer Fachmedien Wiesbaden GmbH, ein Teil von Springer Nature 2021
P. Bühler et al., *Printmedien-Projekte*, Bibliothek der Mediengestaltung,
https://doi.org/10.1007/978-3-658-31382-1_6

Fotos der Kalenderbilder

Technische Angaben

Layout

- Format: DIN A4 hoch
- Rand oben: 20 mm
- Rand unten: 20,7 mm
- Ränder links und rechts: 10 mm
- Schrift: frei wählbar

Bild

- Bilder: JPG
- Bildformat: Quadrat
- Seitenlänge: 190 mm
- Bildmotive und -ausschnitte: frei wählbar

Druck

- Druckverfahren: Digitaldruck
- Bindung: Wire-O-Bindung und Drahtaufhänger
- Papier: 200 g/m², gestrichen

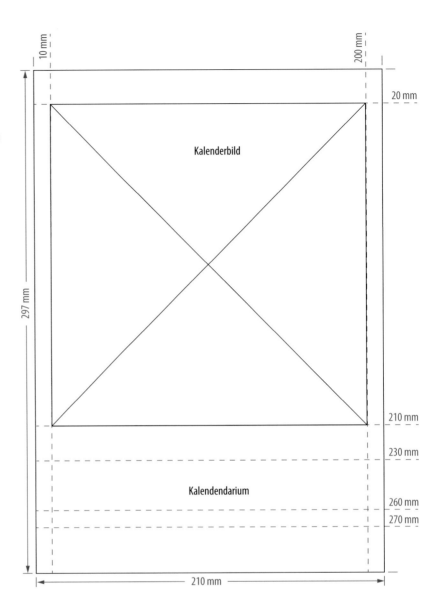

Planung

Bilddateien

- Bilddateien herunterladen
- Technische Parameter analysieren
- Bildgestaltung konzipieren

Bildbearbeitung

- Bildformat festlegen
- Bild in Graustufen konvertieren
- Tonwertkorrekturen durchführen
- Bildschärfe und Kontrast einstellen

Layoutdatei

- InDesign-Dokument erstellen
- Layoutvorgaben für Bild- und Textrahmen beachten
- Musterseite Kalenderblätter erstellen
- Kalenderbilder platzieren
- Kalendarien erstellen und platzieren

PDF

- PDF exportieren

Produktion

Layoutdatei erstellen

1 Erstellen Sie eine neue InDesign-Datei unter Menü *Datei > Neu > Dokument…* oder mit [STRG] [N] (▦) bzw. [command] [N] (🍎).

2 Geben Sie die folgenden Werte in das Startfenster ein:
- Dateiname: Bildkalender **A**
- Breite und Höhe: 210 mm x 297 mm **B**
- Seitenanzahl: 14 **C**
- Ränder: oben 20 mm, unten 20,7 mm, links 10 mm, rechts 10 mm **D**

3 Bestätigen Sie Ihre Eingaben mit *Erstellen* **E**.

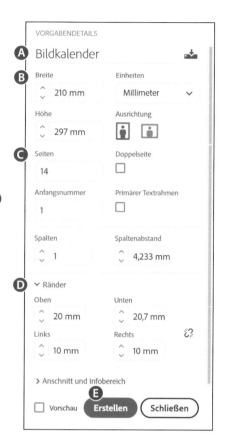

Musterseite erstellen

1 Legen Sie eine Musterseite an. Wählen Sie dazu in der Palette *Seiten* **F** mit einem Doppelklick *A-Musterseite* **G**.

2 Erstellen Sie auf der Musterseite einen Bildrahmen **H** und einen Textrahmen **I** für den Kalendertitel und das Kalendarium.

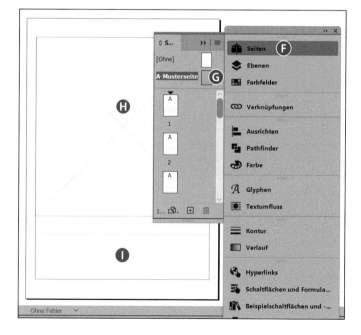

Bildformat freistellen

1 Öffnen Sie die Bilddatei in Photoshop unter Menü *Datei > Öffnen...* oder mit `STRG` `O` (⊞) bzw. `command` `O` (🍎).

2 Wählen Sie das *Freistellungswerkzeug* **A**.

3 Stellen Sie die Option *B x H x Auflösung* **B** ein und geben Sie die in den technischen Angaben gegebenen Maße ein.

4 Bestätigen Sie die Freistellung **C**.

Bild als TIFF speichern

1 Speichern Sie das Bild unter Menü *Datei > Speichern unter...* oder mit `⇧` `STRG` `S` (⊞) bzw. `⇧` `command` `S` (🍎).

2 Wählen Sie als Dateityp: *TIFF*. Im Dialogfeld *TIFF-Optionen* stellen Sie die Option *Bildkomprimierung* auf *Keine*. Die übrigen Einstellungen belassen Sie bei den Voreinstellungen.

Farbbild in Schwarz-Weiß-Bild konvertieren

Bei der Schwarz-Weiß-Konvertierung werden die Farbkontraste im Bild in Helligkeitskontraste gewandelt. Wichtig ist dabei, dass Kontraste, Strukturen und Schatten betont bzw. verstärkt werden.

In der Schwarz-Weiß-Fotografie werden, abhängig von der Farbigkeit des Motivs, unterschiedliche Farbfilter vor das Objektiv geschraubt. Farbfilter lassen das Licht seiner eigenen Farbe durch und blockieren die Wellenlängen der Komplementärfarbe. Ein Gelbfilter bewirkt also, dass alle Farben mit

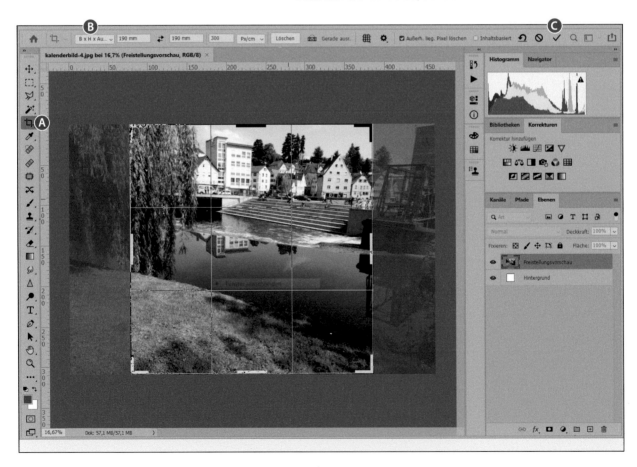

Gelbanteil heller wirken und alle Farben mit Blauanteil dunkler.

Bei der Konvertierung in Photoshop nutzen wir diesen Effekt. Wir arbeiten mit dem Kanalmixer. Als Vorgabe wählen wir den digitalen Filter, der die beste Helligkeitskontraste ergibt. Auf dieser Basis wird aus dem anteiligen Verhältnis der drei Farbkanäle Rot, Grün und Blau der Ausgabekanal für Grau berechnet. Wichtig ist dabei, dass die Summe der 3 Teilfarben 100 % beträgt.

1 Öffnen Sie unter Menü *Ebene > Neue Einstellungsebene > Kanalmixer* das Fenster *Kanalmixer* **A**.

2 Wählen Sie Vorgabe **B**, in unserem Beispiel: *Schwarzweiß mit Gelbfilter (RGB)*.

3 Wählen Sie die Option *Monochrom* **C**.

4 Regeln Sie die Farbanteile, um eine optimale SW-Umsetzung zu erreichen. Beachten Sie dabei, dass die Summe der Farbanteile 100 % beträgt **D**.

5 Mit dem Regler *Konstante* **E** bestimmen Sie die Tonwertverteilung. Sie wird im *Histogramm* **F** angezeigt.

6 Verrechnen Sie die Einstellungsebene mit der Bildebene. Gehen Sie dazu im Kontextmenü des Fensters *Ebenen* **G** > *Auf Hintergrundebene reduzieren*.

7 Konvertieren Sie im letzten Schritt das Bild aus RGB in den Graustufenmodus unter Menü *Bild > Modus > Graustufen*.

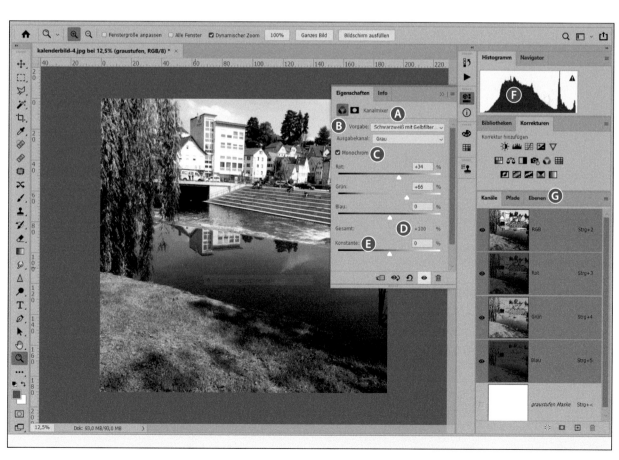

Bildkorrekturen

Die weiteren Bearbeitungsschritte hängen vom Motiv und der Tonwertcharakteristik des einzelnen Bildes ab.

1   Optimieren Sie das SW-Bild mit den Korrekturen z. B. unter Menü *Ebenen > Neue Einstellungsebene >*
    • *Tonwertkorrektur...*
    • *Gradation...*
    • *Helligkeit/Kontrast...*

2   Optimieren Sie die Bildschärfe unter Menü *Filter > Scharfzeichnungsfilter > Unscharf maskieren...*

Titelseite erstellen

1   Lösen Sie den Bild- und Textrahmen auf der Seite 1. Klicken Sie dazu den jeweiligen Rahmen an und halten Sie dabei die Tasten [STRG] [⇧] (⊞) bzw. [command] [⇧] (⌘) gedrückt.

2   Wählen Sie den Bildrahmen aus und platzieren Sie ein SW-Kalenderbild. Wählen Sie dazu Menü *Datei > Platzieren...*, alternativ verwenden Sie die Tastenkombination [STRG] [D] (⊞) bzw. [command] [D] (⌘).

3   Setzten Sie den Kalendertitel „Stadtansichten 2022" im Textfeld.

Monatsseiten erstellen

1   Lösen Sie den Bild- und Textrahmen auf den Monatsseiten. Klicken Sie dazu den jeweiligen Rahmen an und halten Sie dabei die Tasten [STRG] [⇧] (⊞) bzw. [command] [⇧] (⌘) gedrückt.

2   Wählen Sie den jeweiligen Bildrahmen aus und platzieren Sie ein SW-Kalenderbild. Wählen Sie dazu Menü *Datei*

> Platzieren..., alternativ verwenden Sie die Tastenkombination [STRG] [D] (⊞) bzw. [command] [D] (⌘).

3   Erstellen Sie im Textrahmen das jeweilige Kalendarium des Monats. Kalendarische Daten finden Sie auf einschlägigen Internetportalen, z. B. http://kalender-365.de.

4   Erstellen Sie auf Basis Ihrer typografischen Gestaltung Absatz- Ⓐ und Zeichenformate Ⓑ.

5   Formatieren Sie das Kalendarium Ⓒ.

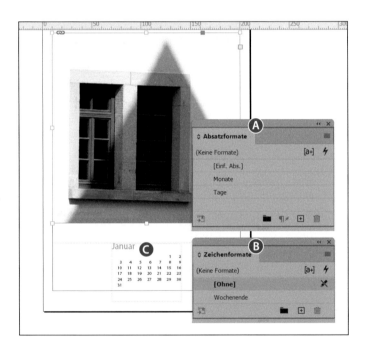

Impressumseite erstellen

1   Lösen Sie den Bild- und Textrahmen auf der Seite 14. Klicken Sie dazu den jeweiligen Rahmen an und halten Sie dabei die Tasten [STRG] [⇧] (⊞) bzw. [command] [⇧] (⌘) gedrückt.

2   Setzten Sie Ihren Impressumtext im Textfeld.

PDF exportieren

Im letzten Arbeitsschritt exportieren Sie das InDesign-Dokument als PDF.

1 Öffnen Sie den Exportdialog unter Menü *Datei > Exportieren...* oder mit STRG E (⊞) bzw. command E (⌘).

2 Speichern Sie die Datei als *Adobe PDF (Druck) (*.pdf)* Ⓐ.

3 Im PDF-Exportdialog wählen Sie als Adobe PDF-Vorgabe: *Druckausgabequalität* Ⓑ. Belassen Sie die Voreinstellungen der verschiedenen Optionsdialoge Ⓒ.

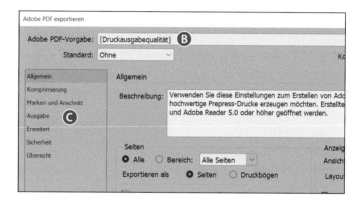

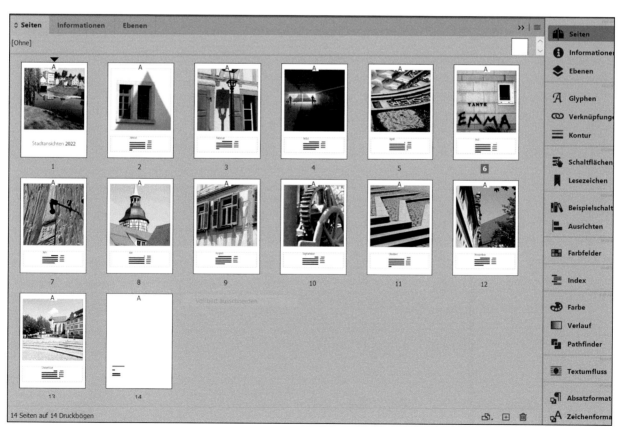

Buch (Dummy)

Briefing

Szenario

Mit einem Dummy sollen wichtige Grundlagen bei der Buchherstellung in der Praxis mit InDesign umgesetzt werden:

- Kapitelnummerierung
- Überschriftennummerierung
- Inhaltsverzeichnis
- Sachwortverzeichnis
- Absatzformate
- Zeichenformate
- Paginierung
- Verpacken
- PDF-Export

Das Buch besteht aus 5 Kapiteln mit zwei Überschriftenebenen. Thema ist die automatisierte Strukturierung des Textes. Deshalb wird das Buch als reiner Textband mit Blindtext erstellt. Die Kapitel sind eigene InDesign-Dokumente. Die Zusammenführung der Kapitel erfolgt als Buch.

SOFTWARE

- InDesign (oder anderes Layoutprogramm)

DATEN

www.bi-me.de/download

VORWISSEN

S. 40: Schriftwahl und Text-
design
S. 58: Schriftwirkung
S. 60: Schriftverwendung
S. 66: Auszeichnungen
S. 80: Schriftverwaltung

Typografie

S. 2: Seitengestaltung
S. 12: Layoutprinzip und
Gestaltungsraster
S. 16: Textrahmen
S. 17: Schriftformatierung
S. 25: PDF-Export

Druckvorstufe

© Springer Fachmedien Wiesbaden GmbH, ein Teil von Springer Nature 2021
P. Bühler et al., *Printmedien-Projekte*, Bibliothek der Mediengestaltung,
https://doi.org/10.1007/978-3-658-31382-1_7

Technische Angaben

Die technischen Angaben beziehen sich auf ein Kapitel. Für unseren Dummy wird die InDesign-Datei dieses Musterkapitels mehrfach dupliziert und in der Buchdatei zusammengeführt.

Layout

- Seitenformat: 210 mm x 279 mm
- Seitenzahl: 8
- Ränder
  - oben: 30 mm
  - außen: 35 mm
  - innen: 30 mm
  - unten: 44 mm
- Grundlinienraster
  - Beginn: 30 mm
  - Einteilung/Schrittweite: 5 mm
- Seitenzahl
  - Tonfläche: Schwarz 20 %
  - Position x: 35/373 mm, y: 260 mm
  - Größe b: 12 mm, h: 22 mm

Text

- Blindtext: gegliedert, *txt
- Quelle: www.blindtextgenerator.de

Schrift (Myriad Pro)

- Überschriften
  - Kapitel: Semibold, 30 pt
  - erste Ordnung: Semibold, 14 pt, - 6 pt Grundlinienversatz
  - zweite Ordnung: Semibold, 11 pt
- Grundtext
  - ohne Einzug: Regular, 11 pt
  - mit Einzug: Regular, 11 pt, 4 mm Einzug erste Zeile
- Auszeichnungen
  - kursiv: Italic, 11 pt
  - halbfett: Semibold, 11 pt
  - rot: Regular, 11 pt, Zeichenfarbe M100 % Y100 %
- Seitenzahl
  - Textrahmen: 4 mm oben Abstand vom Rahmen
  - Schrift: Bold, 13 pt, zentriert

**Layout
Doppelseite**

Planung

Layout

- InDesign-Dokument erstellen
- InDesign-Buch erstellen
- Absatzformate anlegen
- Zeichenformate anlegen

Text und Schrift

- Text laden
- Text formatieren

Buch

- Buchdatei zusammenstellen
- Kapitel duplizieren
- Einzelne Kapitel in Buch laden

PDF

- PDF exportieren

Produktion

Layoutdatei erstellen

1 Erstellen Sie eine neues InDesign-Dokument unter Menü *Datei > Neu > Dokument...* STRG N (⊞) bzw. command N (🍎) A.

2 Erstellen Sie eine neues InDesign-Buch unter Menü *Datei > Neu > Buch...* B.

3 Geben Sie die Werte des Layouts aus den technischen Angaben auf Seite 53 in das Startfenster ein.

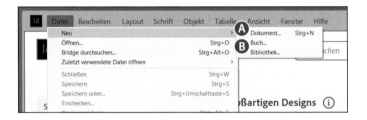

Absatzformate erstellen

1 Erstellen Sie das Absatzformat der Kapitelüberschrift. Wählen Sie im Kontextmenü des Fensters *Absatzformate* die Option *Neues Absatzformat...*

2 Geben Sie die Werte der Schriftformatierung aus den technischen Angaben auf Seite 53 in das Fenster *Grundlegende Zeichenformate* C ein.

Im Fenster *Neues Absatzformat* haben Sie *Grundlegende Zeichenformate* festgelegt. Als Nächstes erstellen Sie jetzt die Kapitelnummerierung.

Liste für durchgehende Nummerierung erstellen

Damit die Kapitelnummerierung im Buch fortlaufend über alle Kapitel ist, müssen Sie zunächst eine Liste erstellen. Diese Liste muss bei der Erstellung der Absatzformate bei Aufzählungszeichen und Nummerierung eingestellt werden.

1 Die Liste erstellen Sie unter Menü *Schrift > Aufzählungs- und nummerierte Listen > Listen definieren...*

2 Wählen Sie beide Optionen **A**.
   - Formatname **B**: wird aus der Eingabe *Grundlegende Zeichenformate* automatisch übernommen
   - Listentyp **C**: Nummerierung
   - Liste **D**: dummybuch
   - Format **E**: arabische Ziffern, Sie können hier auch römische Ziffern oder Buchstaben wählen.
   - Zahl **F**: Nummernmetazeichen (^#), Tabulatorzeichen (^t)
     Zeichen im Kontextmenü *Sonderzeichen einfügen* **G** hinzufügen.
   - Zeichenformat **H**: Wir haben noch kein Zeichenformat angelegt, deshalb wählen Sie hier die Option *Neues Zeichenformat*.
     Bei den Eingaben im Fenster *Neues Zeichenformat > Grundlegende Zeichenformate* orientieren Sie sich an den Eingaben im Fenster *Neues Absatzformat*.
   - Modus **I**: Wählen Sie hier *Nummerierung fortführen*, da ja die Nummerierung im Buch über alle Kapitel gelten soll.
   - Tabulatorposition **J**: 10 mm

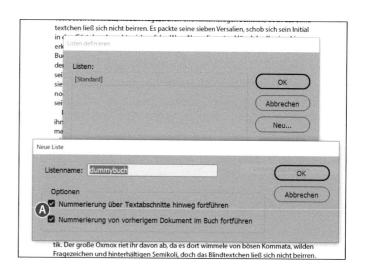

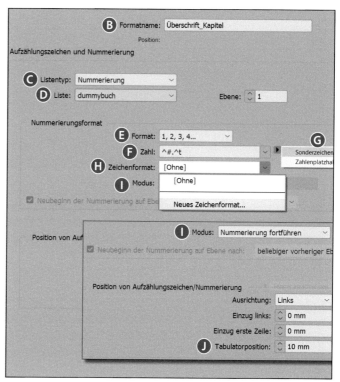

3 Erstellen Sie das Absatzformat der *Über-schrift erster Ordnung* 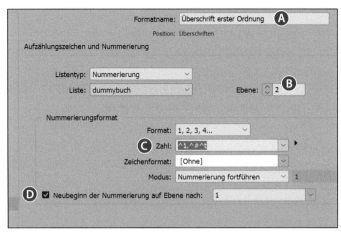.

- Die Überschrift ist die zweite Ebene der Buchnummerierung **B**.
- Im Eingabefeld *Zahl* müssen Sie vor das Nummernmetazeichen (^#) das Zeichen für die erste Ebene (^1.) einfügen **C**.
- Die Nummerierung der Überschrift beginnt an der zweiten Stelle für jedes Kapitel neu **D**. Die Kapitelnummerierung, Ebene 1, wird durch das Buch fortgeführt.
- Den *Grundlinienversatz* **E** legen Sie im Fenster *Erweiterte Zeichenformate* **F** fest.

4 Erstellen Sie die Absatzformate für die *Überschrift zweiter Ordnung* und für die *Grundschrift*. Den *Erstzeileneinzug* **G** legen Sie im Fenster *Einzüge und Abstände* **H** fest.

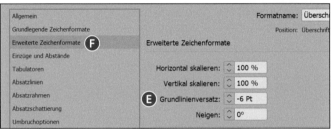

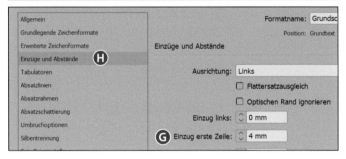

Zeichenformate erstellen

Das Zeichenformat der Kapitelüberschrift haben Sie bei der Definition der Nummerierung schon erstellt. Jetzt fehlen noch die Zeichenformate zur Textauszeichnung:
- kursiv
- halbfett
- farbig

1 Ein neues Zeichenformat erstellen Sie im Kontextmenü des Fensters *Zeichenformate > Neues Zeichenformat...*

2 Erstellen Sie das Zeichenformat der *Auszeichnung kursiv*. Benennen Sie das Zeichenformat und geben Sie *Grundlegende Zeichenformate* ein.

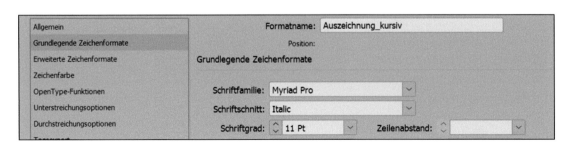

3 Erstellen Sie das Zeichenformat der *Auszeichnungen halbfett (semibold)*. Benennen Sie das Zeichenformat und geben Sie *Grundlegende Zeichenformate* ein.

4 Erstellen Sie das Zeichenformat der *Auszeichnungen farbig*. Im ersten Schritt benennen Sie das Zeichenformat und

geben Sie *Grundlegende Zeichenformate* ein. Bevor Sie die *Zeichenfarbe* festlegen, müssen Sie zunächst eine Farbe definieren. Gehen Sie dazu im Kontextmenü des Fensters *Farbfelder* auf *Neues Farbfeld* und legen die CMYK-Werte der Farbe fest. Jetzt können Sie im Fenster *Zeichenfarbe* die Farbe der Schrift auswählen **A**.

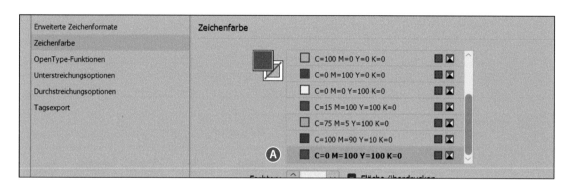

Seitenzahlen erstellen

1 Öffnen Sie die Musterseiten im Fenster *Seiten* **B**.

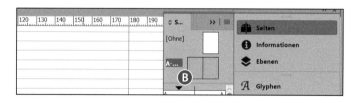

2 Erstellen Sie die Textfelder, um die Seitenzahlen zu positionieren.

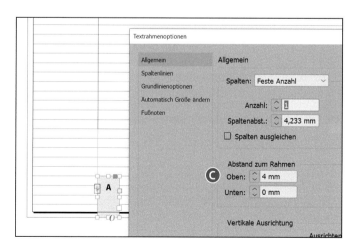

3 Fügen Sie die Platzhalter für die Seitenzahl unter Menü *S*chrift > *Sonderzeichen einfügen > Marken > Aktuelle Seitenzahl* ein.

4 Erstellen Sie für die Seitenzahlen ein Absatzformat und formatieren Sie die Platzhalter.

5 Legen Sie die Größe und den Ton- bzw. Farbwert der Textfelder fest. Die Textfeldoptionen stellen Sie im Fenster *Textfeldoptionen*, im Menü *Objekt > Textfeldoptionen…* ein.
In unserem Dummybuch ist der Abstand zum Rahmen: Oben: 4 mm **C**.

Index erstellen

Die Begriffe des Sachwortverzeichnisses werden in einer eigenen Indexdatei im Buch publiziert. Die Indizierung erfolgt im Fenster *Index* jedes Kapitels.

1 Öffnen Sie das Fenster *Index* unter Menü *Fenster > Schrift und Tabellen > Index*.

2 Markieren Sie mit der Maus den Begriff Ⓐ.

3 Erstellen Sie einen neuen *Indexeintrag* Ⓑ.

Kapiteldateien duplizieren und benennen

1 Duplizieren Sie die Kapiteldateien.

2 Benennen Sie die duplizierten Kapiteldateien.

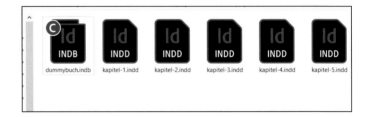

Buch erstellen

1 Öffnen Sie die Buchdatei Ⓒ.

2 Fügen Sie die Kapiteldateien Ihrem Buch hinzu Ⓓ. Alle Dateien werden ab jetzt nur noch über das Fenster *Buch*, in unsereb Beispiel *dummybuch* Ⓔ, verwaltet.

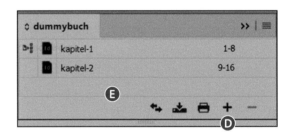

Datei Inhaltsverzeichnis erstellen

Das Inhaltsverzeichnis erstellen Sie automatisiert in einem eigenen InDesign-Dokument.

1 Erstellen Sie eine neues InDesign-Dokument unter Menü *Datei > Neu > Dokument...* [STRG] [N] (⊞) bzw. [command] [N] (⌘).

2 Geben Sie die Werte des Layouts aus den technischen Angaben auf Seite 53 in das Startfenster ein.

3 Erstellen Sie die Absatzformate der Inhaltsverzeichnis-Textelemente.

4 Fügen Sie das Inhaltsverzeichnis der Buchdatei hinzu.

5 Öffnen Sie die Datei *inhaltsverzeichnis* im Fenster *dummybuch* .

6 Konfigurieren Sie das Inhaltsverzeichnis unter Menü *Layout > Inhaltsverzeichnis...*

7 Geben Sie dem Inhaltsverzeichnis einen Titel **B** und ordnen Sie diesem ein Absatzformat **C** zu.

8 Wählen Sie die Absatzformate der Überschriften, die im Inhaltsverzeichnis stehen sollen, aus **D**.

9 Fügen Sie die Formate mit *Hinzufügen* **E** dem Inhaltsverzeichnis hinzu.

10 Ordnen Sie diesen jeweils ein Absatzformat **F** zu.

11 Bestätigen Sie die Eingaben mit *OK* und platzieren Sie das Inhaltsverzeichnis.

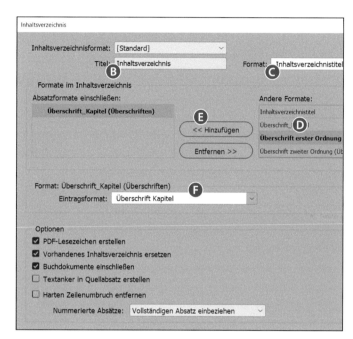

Datei Index erstellen

Das Sachwortverzeichnis erstellen Sie automatisiert in einem eigenen InDesign-Dokument.

1 Erstellen Sie eine neues InDesign-Dokument unter Menü *Datei > Neu > Dokument...* STRG N (⊞) bzw. command N (⌘).

2 Geben Sie die Werte des Layouts aus den technischen Angaben auf Seite 53 in das Startfenster ein.

3 Erstellen Sie die Absatzformate der Index-Textelemente.

4 Fügen Sie die Indexdatei am Ende der Buchdatei hinzu.

5 Öffnen Sie die Datei *index* im Fenster *dummybuch*.

6 Öffnen Sie das Fenster *Index* und generieren Sie einen *Index* **G**. Alle Begriffe, die Sie in den Buchkapiteln indiziert haben, werden in alphabetischer Reihenfolge mit Seitenzahl Teil des Index.

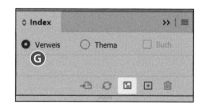

7 Geben Sie dem Index einen Titel **A** und ordnen Sie diesem ein Absatzformat **B** zu.

8 Bestätigen Sie die Eingaben mit *OK* und platzieren Sie den Index.

Buchtitel erstellen

1 Erstellen Sie dazu ein neues zweiseitiges Dokument.

2 Gestalten Sie das Titelblatt und die Titelei.

3 Fügen Sie das Dokument dem Buch **C** hinzu.

PDF exportieren

Sie haben die Buchdokumente über das Fenster *Buch*, in unserem Beispiel *dummy-buch*, verwaltet. Viele weitere Optionen wie z.B. *"Buch" für Druck verpacken...* oder *Buch in PDF exportieren...* werden über das Kontextmenü des Fensters *Buch* aufgerufen.

1 Klicken Sie im Fenster *Buch* unterhalb des letzten Buchdokuments, um die Auswahl eines oder mehrerer Buchdokumente aufzuheben **D**.

2 Wählen Sie im Kontextmenü die Option *Buch in PDF exportieren...* **E**.

3 Als Dateityp für den Export wählen Sie *Adobe PDF (Druck) (*.pdf)* **F**.

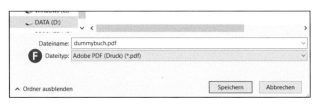

4 Im PDF-Exportdialog wählen Sie als Adobe PDF-Vorgabe: *Druckausgabequalität* **G**. Belassen Sie die Voreinstellungen der verschiedenen Optionsdialoge **H**.

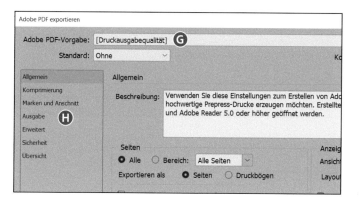

Das Dummybuch

Angewandte Werkzeuge und Funktionen
der Buchherstellung mit InDesign

Buchcover

Briefing

Szenario

Der Turm-Verlag plant eine Buchreihe über Städtereisen für Jugendliche und junge Erwachsene. Zum Start der Reihe sind drei Bände geplant über Paris, London und New York. Die Buchcover sollen eine einheitliche Gestaltung aufweisen.

Der Verlag liefert das Verlagslogo, die Buchtitel sowie die zu verwendenden Fotos. Die Texte für die Buchrückseite (Rückdeckel) liegen noch nicht vor, so dass mit Blindtext gearbeitet werden muss. Das Logo soll als Bildmarke auf dem Buchrücken erscheinen und als Wort-Bild-Marke auf dem Rückdeckel.

Das (geschlossene) Buchformat beträgt 180 mm x 260 mm, der Buchrücken erhält eine Breite von 26 mm.

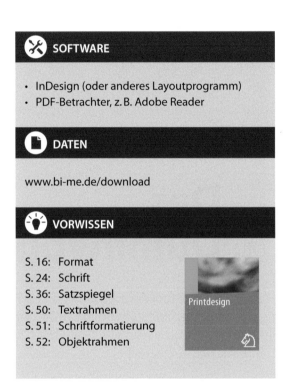

SOFTWARE

- InDesign (oder anderes Layoutprogramm)
- PDF-Betrachter, z. B. Adobe Reader

DATEN

www.bi-me.de/download

VORWISSEN

S. 16: Format
S. 24: Schrift
S. 36: Satzspiegel
S. 50: Textrahmen
S. 51: Schriftformatierung
S. 52: Objektrahmen

Printdesign

© Springer Fachmedien Wiesbaden GmbH, ein Teil von Springer Nature 2021
P. Bühler et al., *Printmedien-Projekte*, Bibliothek der Mediengestaltung,
https://doi.org/10.1007/978-3-658-31382-1_8

Technische Angaben

Ein Buchcover setzt sich aus drei Seiten zusammen:

- Frontdeckel: 180 mm x 260 mm
- Buchrücken: 26 mm x 260 mm
- Rückdeckel: 180 mm x 260 mm

Beim Anlegen des Dokuments muss eine Beschnittzugabe **A** ergänzt werden, deren Wert Sie bei der Druckerei erfragen müssen. In unserem Fall beträgt die Beschnittzugabe 3 mm.

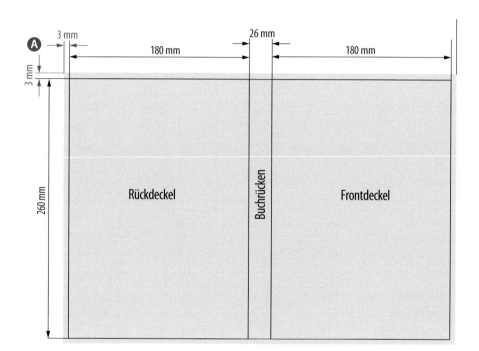

Planung

Konzeption

- Material sichten
- Entwürfe anfertigen
- Dokument in InDesign anlegen

Musterseiten

- Textrahmen platzieren
- Logos platzieren
- Blindtext einfügen
- Schrift formatieren

Coverseiten

- Seite(n) erzeugen
- Texte ändern
- Foto platzieren
- Farbe(n) definieren

Druckfähiges PDF

- „Preflight" durchführen
- Dokument verpacken
- Druck-PDF erzeugen

Produktion

Entwürfe anfertigen

1   Laden Sie die Arbeitsdateien zum Projekt herunter und sichten Sie diese.

2   Zeichnen Sie auf mehreren leeren DIN-A3-Seiten das Layout des Buchcovers in Originalgröße auf. Die Maße finden Sie in den technischen Angaben auf Seite 63.

3   Scribbeln Sie mehrere Entwürfe des Covers.
- Zeichnen Sie den Buchrücken mit dünnen Hilfslinien ein.
- Scribbeln Sie das Foto und den Buchtitel.
- Stellen Sie Fließtext in Form von dicken Linien dar. Die Linienstärke entspricht dabei in etwa der späteren Schriftgröße.
- Schneiden Sie das Cover aus und falzen Sie es. Die Wirkung lässt sich besser beurteilen, wenn Sie das Cover dreidimensional betrachten.

4   Wählen Sie – wenn möglich nach Rücksprache mit dem „Kunden" (Mitschüler/in, Lehrkraft) – den besten Entwurf aus.

InDesign-Dokument anlegen

1   Legen Sie in InDesign im Menü *Datei > Neu > Dokument...* unter *Druck* **A** eine neue Datei im Format 180 x 260 mm an.

2   Wählen Sie das Hochformat **B**.

3   Deaktivieren Sie die Checkbox *Doppelseite* **C**.

4 Geben Sie die Ränder ein, hier: 10 mm **D**. Wenn das Verkettungssymbol **E** angeklickt ist, wird der Wert in alle vier Felder übernommen.

5 Geben Sie eine Beschnittzugabe von 3 mm ein (vgl. technische Angaben) **F**.

6 Bestätigen Sie die Eingaben mit *Erstellen*.

Tipp: Wenn das Auswahlwerkzeug ▶ gewählt ist, können Sie die Hilfslinien mit der Taste w ein- oder ausblenden. Mit der Tastenkombination ⇧ w erhalten Sie eine Seitenvorschau.

Musterseiten erstellen

Mit Hilfe von Musterseiten sorgen Sie dafür, dass alle (später zu erstellenden) Buchcover ein identisches Layout erhalten. Auf Musterseiten platzieren Sie die Textrahmen und nehmen die Formatierung der Schrift(en) vor. Weiterhin platzieren Sie auf den Musterseiten das Logo, da dies bei allen Buchcovern identisch ist.

Musterseite für Frontdeckel anlegen

1 Öffnen Sie im Menü *Fenster > Seiten* die Seitenvorschau.

2 Doppelklicken Sie auf *A-Musterseite* **G**. Am Buchstaben „A" auf der Seitenvorschau **H** erkennen Sie, dass die Seite mit dieser Musterseite verknüpft ist.

3 Machen Sie einen Rechtsklick auf den Namen und wählen Sie *Musterseitenoptionen für „A-Musterseite"*. Geben Sie der Musterseite den Namen *Frontdeckel*.

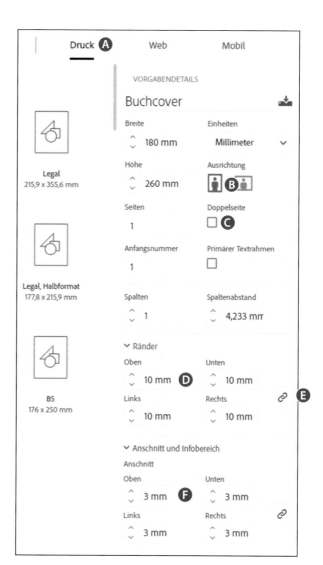

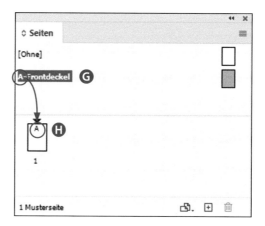

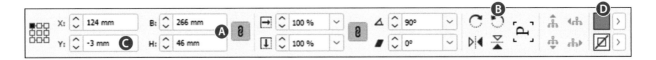

4 Platzieren Sie einen Textrahmen:
- Da der Text von unten nach oben verlaufen soll, ziehen Sie den Rahmen zunächst waagrecht auf, hier: 266 mm x 46 mm **A**.
- Drehen Sie den Rahmen um 90° im Gegenuhrzeigersinn **B**.
- Platzieren Sie den Rahmen auf der Seite bis in den Anschnitt **C**.
- Geben Sie dem Rahmen eine beliebige Farbe **D** – sie wird später angepasst.

5 Rechtsklicken Sie auf den Textrahmen und wählen Sie *Textrahmenoptionen…*
- Geben Sie unter *Abstand zum Rahmen* bei *Links* 13 mm ein.
- Wählen Sie bei *Vertikale Ausrichtung* die Option *Zentrieren*.

6 Geben Sie das Wort STADT ein und formatieren Sie die Schrift, hier: Franklin Gothic Heavy, 114 pt, Schwarz.

7 Der Text soll später wie „ausgestanzt" wirken, so dass das Foto darunter sichtbar wird:
- Wählen Sie Menü *Fenster > Effekte*, klicken Sie auf *Text* und geben Sie bei *Deckkraft* 0 % ein **E**.
- Klicken Sie auf *Objekt* **F** und setzen Sie das Häkchen bei *Aussparungsgr.* **G**.

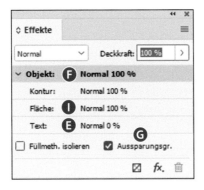

Musterseite für Rückdeckel anlegen

1 Klicken Sie auf das +-Symbol im Seitenfenster (**H** nächste Seite), um eine zweite Musterseite zu erzeugen. Benennen Sie sie in *Rückdeckel* um.

2 Platzieren Sie einen Textrahmen:
- Ziehen Sie den Rahmen mit dem Textwerkzeug auf, hier: 83 mm x 266 mm.
- Platzieren Sie ihn an der gewünschten Stelle, hier: links im Anschnitt.
- Geben Sie dem Rahmen die gewünschte Farbe, hier: Weiß.
- In unserem Beispiel ist der Rahmen halbtransparent: Wählen Sie Menü *Fenster > Effekte*, klicken Sie auf *Fläche* **I** und geben Sie bei *Deckkraft* 60 % ein.

3 Rechtsklicken Sie auf den Textrahmen und wählen Sie *Textrahmenoptionen…* Geben Sie bei *Abstand zum Rahmen* ein:
- Oben: 13 mm
- Unten: 150 mm
- Links: 13 mm
- Rechts: 10 mm

4 Rechtsklicken Sie auf den Textrahmen und wählen Sie *Mit Platzhaltertext füllen*.

5 Formatieren Sie den Blindtext, hier: Franklin Gothic Book, 11 pt, Zeilenabstand: 14 pt.

6 Wählen Sie das Auswahlwerkzeug ▶ und klicken Sie außerhalb des Textrahmens, damit dieser nicht mehr markiert ist.

7 Fügen Sie im Menü *Datei > Platzieren…* oder mit [STRG] [D] (⊞) bzw. [command] [D] (🍎) das Logo *logo.ai* auf der Musterseite ein.

8 Drücken Sie die Tastenkombination ⌀⌀ (⊞) bzw. ⌀⌀ (⌘) und ziehen Sie an einer Ecke des Logos, um es auf die gewünschte Größe zu bringen.

9 Platzieren Sie das Logo links unten auf der Musterseite.

Musterseite für Buchrücken anlegen

1 Klicken Sie auf das +-Symbol im Seitenfenster 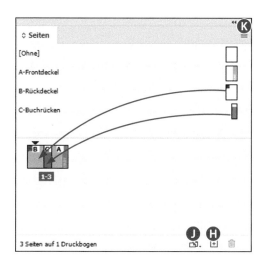 , um eine dritte Musterseite zu erzeugen. Benennen Sie sie in *Buchrücken* um.

2 Zur Anpassung der Breite klicken Sie auf Icon ⓙ und wählen *Benutzerdefiniert…* Geben Sie bei *Breite* 26 mm ein.

3 Platzieren Sie einen Textrahmen:
- Da der Text von unten nach oben verläuft, ziehen Sie den Rahmen zunächst waagrecht auf, hier: 266 mm x 26 mm.
- Drehen Sie den Rahmen um 90° im Gegenuhrzeigersinn Ⓑ.
- Platzieren Sie ihn mittig und oben/unten im Anschnitt.
- Geben Sie dem Rahmen eine beliebige Farbe Ⓓ – sie wird später noch angepasst.

4 Rechtsklicken Sie auf den Textrahmen und wählen Sie *Textrahmenoptionen…*
- Geben Sie bei *Abstand zum Rahmen* bei *Rechts* 13 mm ein. (Da der Rahmen gedreht wurde, ist dies nun der Abstand zum oberen Seitenrand.)
- Wählen Sie bei *Vertikale Ausrichtung* die Option *Zentrieren*, damit die Schrift mittig im Rahmen platziert wird.

5 Geben Sie das Wort STADT ein und formatieren Sie die Schrift, hier: Franklin Gothic Heavy, 50 pt, Weiß. Richten Sie den Text rechtsbündig aus, um ihn am oberen Rand zu platzieren.

6 Fügen Sie im Menü *Datei > Platzieren…* oder mit ⌀ Ⓓ (⊞) bzw. ⌘ Ⓓ (⌘) das Logo *logo_nur_grafik.ai* auf der Musterseite ein.

7 Skalieren und platzieren Sie das importierte Logo.

8 Speichern Sie Ihr Zwischenergebnis unter dem Namen *buchcover.indd* ab.

Buchcover erstellen

1 Öffnen Sie – falls geschlossen – die Seitenvorschau im Menü *Fenster > Seiten*.

2 Ziehen Sie mit gedrückter Maustaste einen Buchrücken und einen Rückdeckel *vor* den bereits vorhandenen Frontdeckel.

3 Versuchen Sie die drei Seiten miteinander zu verbinden wie im Screenshot dargestellt. Klicken Sie auf Ⓚ und deaktivieren Sie die Option *Neue Dokumentseitenanordnung zulassen*, falls sich die Seiten nicht verbinden lassen.

4 Alle Objekte der Musterseite sind zunächst gesperrt. Um diese bearbeiten zu können, müssen sie entsperrt werden: Klicken Sie hierzu mit gedrückter Tastenkombination ⌂ STRG (⊞) bzw. ⌂ command (⌘) nacheinander auf alle Elemente der zusammengefügten Musterseiten, also auf die Textrahmen und auf die Logos[1].

5 Ändern Sie in den Textrahmen auf dem Frontdeckel und auf dem Buchrücken den Text STADT in NEW YORK.

6 Ziehen Sie mit dem Rechteckrahmen-Werkzeug einen Rahmen für das Hintergrundfoto auf. In unserem Beispiel überdeckt der Bildrahmen die gesamte Fläche (392 mm x 266 mm) **A** und wird im Anschnitt **B** platziert.

---

1 Vielleicht fragen Sie sich, weshalb auch die Logos entsperrt werden, obwohl diese nicht verändert werden. Der Grund ist, dass wir ein Foto in den Hintergrund platzieren möchten. Damit dies möglich ist, müssen alle (Vordergrund-)Objekte entsperrt sein.

7 Machen Sie einen Rechtsklick auf den Rahmen und wählen Sie *Anordnen > In den Hintergrund*.

8 Fügen Sie im Menü *Datei > Platzieren…* oder mit der Tastenkombination STRG D (⊞) bzw. command D (⌘) das Foto *newyork.jpg* im Rahmen ein.

9 Passen Sie Bildgröße und -ausschnitt an:
- Wählen Sie das Direktauswahl-Werkzeug ▷ und klicken Sie auf das Foto.
- Ziehen Sie mit gedrückter ⌂-Taste an einer Ecke des Fotos, um es auf die gewünschte Größe zu bringen **C**.
- Verschieben Sie das Foto (ohne ⌂-Taste), um den Ausschnitt zu wählen.

10 Geben Sie dem Textrahmen auf dem Frontdeckel die Farbe Weiß.

11 Wählen Sie abschließend die Farbe des Buchrückens aus dem Foto:
- Klicken Sie auf den Textrahmen mit dem Buchrücken.

Bilder skalieren

Der Bildausschnitt kann innerhalb eines Rahmens mit Hilfe des Direktauswahl-Werkzeugs verändert werden, ohne dass sich die Position des Rahmens verändert.

- Wählen Sie das Pipette-Werkzeug .
- Wählen Sie die gewünschte Farbe aus dem Foto, z. B. einen Grünton aus der Freiheitsstatue.
- Drücken Sie die ALT-Taste, wenn Sie den Vorgang wiederholen und eine andere Farbe wählen möchten.

12 Wiederholen Sie die Schritte 2 bis 11 für die Buchcover der Städteführer LONDON und PARIS. Achten Sie bei der Farbwahl für die Buchrücken darauf, dass sich die Farben deutlich unterscheiden und bezüglich Helligkeit und Sättigung miteinander harmonieren **D**.

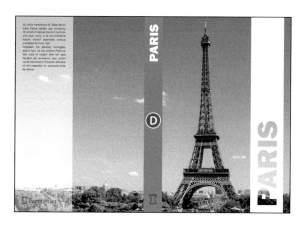

PDF exportieren

1 Prüfen Sie am unteren Bildrand, ob der sogenannte *Preflight[2]* fehlerfrei ist. Falls Fehler angezeigt werden, öffnen Sie das Bedienfeld **E**. Korrigieren Sie die Fehler und speichern Sie die Datei danach ab.

   Ohne Fehler ⌄ **E**

2 Wählen Sie Menü *Datei > Verpacken…*, um alle für den Druck benötigten Dateien in einen Ordner kopieren zu lassen.

3 Klicken Sie im nächsten Fenster auf *Verpacken*. (Auf die drucktechnischen Einstellungsmöglichkeiten gehen wir hier nicht ein.)

4 Nehmen Sie die rechts gezeigten Einstellungen vor und klicken Sie auf *Verpacken*.

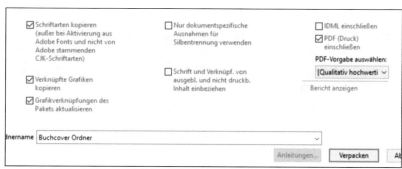

---

2 Der Begriff kommt aus der Luftfahrt und meint die Vorabkontrolle vor dem Flug. Hier wird der Begriff im übertragenen Sinn als Vorabkontrolle vor dem Druck verwendet.

Personalisierte Drucksache

Briefing

Szenario

Für einen Marathon sollen Startnummern erstellt werden. Diese werden dann an einem Startnummernband befestigt und so von den Läufern getragen. Für die Befestigung am Startnummernband ist eine Lochung der Startnummer erforderlich.

Auf die Startnummern sollen u. a. die jeweilige Läufernummer und der Name des Läufers gedruckt werden. Diese personalisierten Inhalte sollen aus einer Textdatei nach InDesign importiert werden.

SOFTWARE

- InDesign (oder anderes Layoutprogramm)
- Tabellenkalkulationsprogramm, z. B. Excel
- PDF-Betrachter, z. B. Adobe Reader

DATEN

www.bi-me.de/download

VORWISSEN

S. 50: Textrahmen
S. 51: Schriftformatierung
S. 52 Objektrahmen

Printdesign

S. 50: Datenbanken

Daten-management

© Springer Fachmedien Wiesbaden GmbH, ein Teil von Springer Nature 2021
P. Bühler et al., *Printmedien-Projekte*, Bibliothek der Mediengestaltung,
https://doi.org/10.1007/978-3-658-31382-1_9

Technische Angaben

Daten für die Personalisierung

Sie können die Daten für die Personalisierung aus einer Datenbank (z.B. Access oder MySQL) oder auch aus einem Tabellenkalkulationsprogramm, wie Excel, exportieren. Wichtig ist, dass Sie die Daten als TXT- oder CSV-Datei abspeichern und als Trennzeichen ein Komma oder einen Tabulator verwenden.

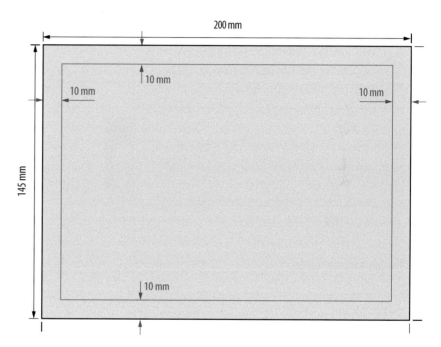

Daten InDesign-Dokument

- Format: 20 x 14,5 cm
- Rand oben, unten, links und rechts: 10 mm
- Schrift: Myriad (wenn verfügbar)
- Druckverfahren: Digitaldruck
- Bedruckstoff: wenn verfügbar Kunststofffolie oder foliertes/laminiertes Papier; alternativ Druck auf Papier, z.B. 120 g/m²

Planung

Download

- Unter www.bi-me.de/download die Daten herunterladen

Layout

- InDesign-Dokument anlegen
- Layoutvorgaben für Bild- und Textrahmen umsetzen

Datenexport

- XLSX-Datei in Excel öffnen und als CSV-Datei exportieren

Datenverknüpfung

- Verknüpfung mit Daten herstellen
- Datenfelder in InDesign platzieren

Datenzusammenführung

- InDesign-Dokument oder/und PDF-Dokument mit dem personalisierten Mailing erstellen

PDF

- InDesign-Dokument verpacken
- Druck-PDF erzeugen

Produktion

ID-Dokument erstellen

Neues ID-Dokument anlegen

1 Erstellen Sie ein neues InDesign-Dokument unter Menü *Datei > Neu…* oder mit [STRG] [N] (⊞) bzw. [command] [N] (🍎).
   - Wählen Sie den Reiter *Druck* **A** aus.
   - Geben Sie die Maße 200 mm (Breite) und 145 mm (Höhe) **B** ein.
   - Deaktivieren Sie die Checkbox *Doppelseite* **C**.
   - Geben Sie als Ränder 10 mm **D** ein.
   - Geben Sie für den Anschnitt 3 mm **E** ein.
   - Bestätigen Sie die Eingaben mit *Erstellen* **F**.

Dokument gestalten

1 Erstellen Sie einen Textrahmen **G**, beginnend im Anschnitt mit der Höhe 43 mm und der Breite 206 mm.
   - Färben Sie den Hintergrund des Textrahmens rot ein (C0, M100, Y100, K0).
   - Fügen Sie den Text „CITY-MARATHON" ein. Wählen Sie, wenn verfügbar, die Schriftart *Myriad*, Schriftschnitt *Bold*, Schriftgröße: 50 pt. Geben Sie einen Grundlinienversatz **H** von -3 mm ein, um den Anschnitt auszugleichen. Richten Sie den Text zentriert aus.

2 Erstellen Sie einen zweiten Textrahmen **I**, direkt unterhalb des Textrahmens **G**, Höhe: 65 mm.
   - Wählen Sie, wenn verfügbar, die Schriftart *Myriad*, Schriftschnitt *Bold Condensed*, Schriftgröße: 175 pt.
   - Geben Sie zur Gestaltung eine Beispielnummer ein (diese wird beim Daten-

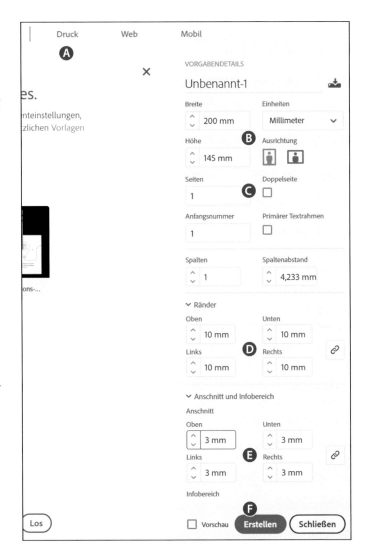

import durch die Startnummern der jeweiligen Läufer ersetzt).
   - Richten Sie den Text zentriert aus.

3 Erstellen Sie einen dritten Textrahmen **J**, direkt unterhalb des Textrahmens **I**, Höhe: 30 mm. Wählen Sie, wenn

verfügbar, die Schriftart *Myriad*, Schriftschnitt *Bold Condensed*, Schriftgröße: 75 pt. Geben Sie einen Beispielnamen ein (dieser wird später beim Datenimport ersetzt). Richten Sie den Text zentriert aus.

Daten nach ID importieren

Datenexport

Sie können Daten aus CSV- und TXT-Dateien mit InDesign verknüpfen. Sie müssen dabei folgende Dinge beachten:

- Die erste Zeile **K** enthält die *Attribute*, also die „Überschriften" für gleichartige Datenfelder.
- Einzelne *Datenfelder* werden durch ein Komma oder einen Tabulator getrennt.
- Einzelne *Datensätze* werden durch einen Zeilenumbruch getrennt. Jede Zeile steht für einen Datensatz.
- Wenn Fotos verknüpft werden sollen, dann wird das Attribut mit einem @-Zeichen eingeleitet, also z. B. *@Foto*. Als Datenfeld wird der Dateipfad angegeben, also z. B. *C:\Beispiel.jpg* (⊞) oder *User:Admin:Desktop:Beispiel.jpg* (⌘).
- Wenn in einem Datenfeld Satzzeichen verwendet werden sollen, dann muss der Inhalt in Anführungszeichen gesetzt werden, also z. B. *"Müller, Schulze & May GmbH"*. Auch bei Problemen mit der Datenverknüpfung kann die Verwendung von Anführungszeichen Abhilfe schaffen.
- Geben Sie die Datenfeldinhalte ohne Leerzeichen vor oder nach dem Inhalt ein.

1 Öffnen Sie die Datei *Startnummern.xlsx* in Excel oder einem anderen Tabellenkalkulationsprogramm.

2 Exportieren Sie die Daten als *.csv* unter Menü *Datei > Speichern unter*.

3 Wählen Sie als Dateiformat *CSV (Trennzeichen-getrennt) (*.csv)* **L** aus.

4 Schließen Sie das Tabellenkalkulationsprogramm.

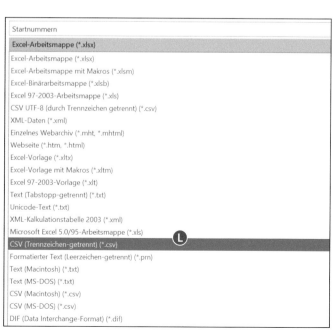

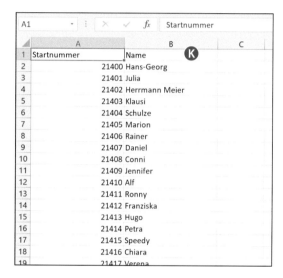

Datenverknüpfung herstellen

1 Wechseln Sie zum Fenster *Hilfsprogramme > Datenzusammenführung* **A**.

2 Wählen Sie im Bedienfeldmenü ≣ *Datenquelle auswählen…* **B** aus.

3 Wählen Sie die Datei *Startnummern.csv* aus.

4 In dem Fenster werden nun die einzelnen Attribute **C** aufgeführt.

Datenfelder platzieren

1 Wählen Sie die Beispielnummer **D** durch Doppelklick aus.

2 Klicken Sie nun im Fenster *Datenzusammenführung* auf *Startnummer* **E**.

3 Wählen Sie den Beispielnamen **F** durch Doppelklick aus.

4 Klicken Sie nun im Fenster *Datenzusammenführung* auf *Name* **G**.

5 Aktivieren Sie im Fenster *Datenzusammenführung* die Option *Vorschau* **H**.

6 Kontrollieren Sie die Daten, indem Sie die Datensätze über die Pfeil-Icons **I** durchklicken.

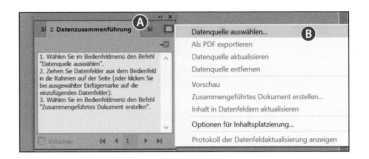

Daten zusammenführen

Sie haben nun zwei Möglichkeiten, die Daten zusammenzuführen:

- Sie können ein mehrseitiges InDesign-Dokument erstellen, jeweils eine Seite pro Datensatz. Dieses Vorgehen empfiehlt sich, wenn Sie beispielsweise individuell gestalterische Korrekturen durchführen möchten, bevor Sie das Dokument drucken.
- Alternativ können Sie direkt ein PDF-Dokument erstellen, das Sie dann selbst drucken oder einer Druckerei zum Druck geben können.

Zusammenführung in InDesign-Dokument

1 Wählen Sie im Fenster *Datenzusammen-führung* im Bedienfeldmenü ☰ *Zusammengeführtes Dokument erstellen…* Ⓐ aus.

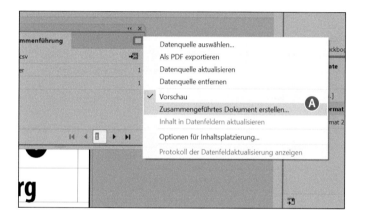

2 Sie können nun im Dialogfenster *Zusammengeführtes Dokument erstellen* verschiedene Einstellungen treffen:
  - Im Reiter *Datensätze* Ⓑ können Sie auswählen, welche Datensätze für die Zusammenführung benutzt werden sollen, und Einstellungen vornehmen, falls mehrere Datensätze auf einer Seite Verwendung finden.
  - Auch im Reiter *Layout mit mehreren Datensätzen* Ⓒ können Sie hierzu Einstellungen treffen.
  - Im Reiter *Optionen* Ⓓ können Sie u. a. den Umgang mit Bildern und Leerzeilen regeln.

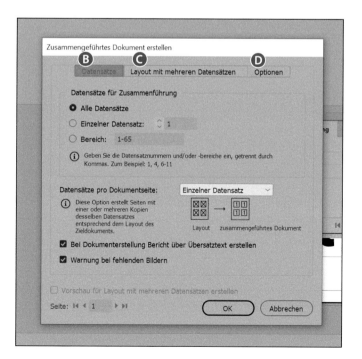

Zusammenführung in PDF-Dokument

1 Wählen Sie im Fenster *Datenzusammen-führung* im Bedienfeldmenü ≣ *Als PDF exportieren* Ⓐ aus.

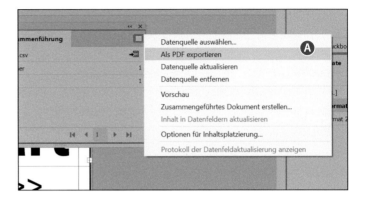

2 Sie können nun im Dialogfenster *Zusam-mengeführtes Dokument erstellen* ver-schiedene Einstellungen treffen:

- Im Reiter *Datensätze* Ⓑ können Sie auswählen, welche Datensätze für die Zusammenführung benutzt werden sollen, und Einstellungen vornehmen, falls mehrere Datensätze auf einer Seite Verwendung finden.
- Auch im Reiter *Layout mit mehreren Datensätzen* Ⓒ können Sie hierzu Ein-stellungen treffen.
- Im Reiter *Optionen* Ⓓ können Sie u.a. den Umgang mit Bildern und Leerzei-len regeln.

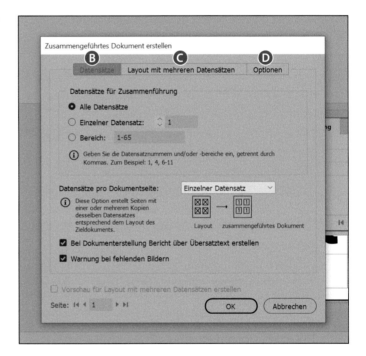

Verpacken und PDF erstellen

Bei der Erstellung Ihrer Startnummern in In-Design haben Sie Texte gesetzt und formatiert. Zeichensätze sind nicht Teil der InDesign-Datei, sondern nur mit ihr verknüpft. Beim Verpacken werden alle verknüpften Elemente zusammen mit der InDesign-Datei in einem Ordner gespeichert. Der verpackte Ordner mit allen verknüpften Elementen dient dem externen Austausch oder Archivieren des Projekts.

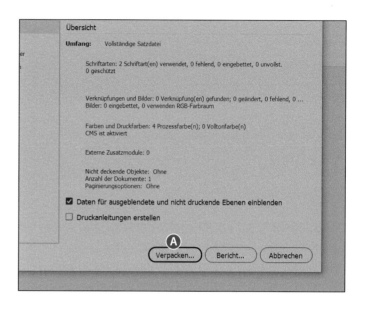

1 Öffnen Sie den Verpackendialog unter Menü *Datei > Verpacken…*

2 Es öffnet sich ein Dialogfenster. Klicken Sie auf *Verpacken…* **A**

3 Treffen Sie im nächsten Dialogfenster folgende Einstellungen:
   • Definieren Sie einen Ordner **B**, in dem alle gesammelten Dateien gespeichert werden.
   • Speichern Sie alle verwendeten Schriften **C** in dem Ordner.
   • Die Checkboxen *Verknüpfte Grafiken kopieren* **D** und *Grafikverknüpfungen des Pakets aktualisieren* **E** können Sie abwählen, wenn Sie keine Fotos oder Grafiken im Dokument eingefügt haben.

   • Falls Sie das Dokument in einer älteren Version von InDesign öffnen können möchten, dann wählen Sie *IDML einschließen* **F**.
   • Erstellen Sie beim Verpacken parallel ein PDF im Standard *PDF/X-3:2002* **G**.

4 Bestätigen Sie die Einstellungen mit *Verpacken* **H**.

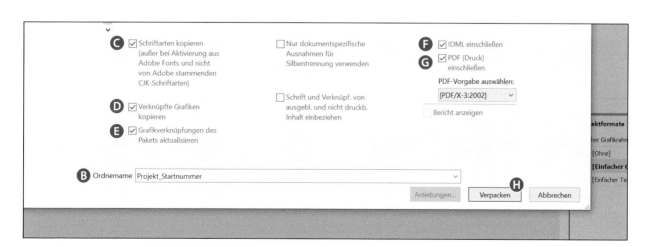

Formular

Briefing

Szenario

Für die Fahrschule „1-2-drive" ist ein Formular zur Anmeldung zum Führerschein zu gestalten.

Um den Ausdruck zu ermöglichen, ist das Formular im Format DIN A4 anzulegen. Das Ausfüllen des Formulars soll wahlweise auf Papier oder am Computer möglich sein.

Der Kunde liefert den gewünschten Text sowie das Logo der Fahrschule.

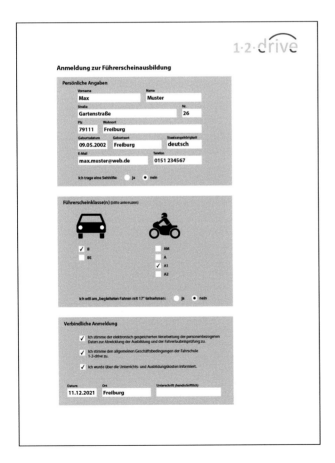

SOFTWARE

- InDesign (oder anderes Layoutprogramm)
- Adobe Reader

DATEN

www.bi-me.de/download

VORWISSEN

S. 18: DIN-Formate
S. 36: Satzspiegel
S. 50: Textrahmen
S. 51: Schriftformatierung
S. 52: Objektrahmen

Printdesign

S. 74: Formulare

PDF

© Springer Fachmedien Wiesbaden GmbH, ein Teil von Springer Nature 2021
P. Bühler et al., *Printmedien-Projekte*, Bibliothek der Mediengestaltung,
https://doi.org/10.1007/978-3-658-31382-1_10

Technische Angaben

Um die Forderung zu erfüllen, dass das Formular wahlweise am Computer per Hand ausgefüllt werden kann, muss es als sogenanntes *interaktives PDF* erstellt werden. Hierfür gibt es zwei unterschiedliche Vorgehensweisen:

- Mit Hilfe von Adobe Acrobat lässt sich ein „normales" PDF nachträglich in ein interaktives PDF umwandeln. Dabei kann festgelegt werden, welche Textfelder zu Formularfelder werden sollen (vgl. PDF-Band aus dieser Buchreihe). Diese kann der Nutzer dann mit Hilfe der (kostenlosen) Software Adobe Reader ausfüllen.
- In InDesign lassen sich Formulare auch direkt erstellen. Im Anschluss wird das Formular in ein interaktives PDF exportiert. Wir gehen in dieser Übung diesen Weg.

Formularelemente

Für das Formular werden folgende Elemente benötigt:

- Textfelder, z. B. zur Eingabe des Namens, Vornamens oder der Anschrift **A**
- Kontrollkästchen, z. B. zur Auswahl der Führerscheinklassen **B**
- Optionsfeld, z. B. zur Angabe, ob eine Sehhilfe getragen wird oder nicht **C**
- Listenfeld, zur Auswahl der Staatsangehörigkeit **D**

Planung

Layout

- Dokument in InDesign anlegen
- Grafiken importieren
- Textrahmen erstellen
- Texte eingeben und formatieren
- Rahmen für Formularfelder erstellen

Formular

- Rahmen in Formularfelder umwandeln
- Formularoptionen wählen
- Aktivierungsreihenfolge festlegen

Interaktives PDF

- „Preflight" machen
- Interaktives PDF erzeugen

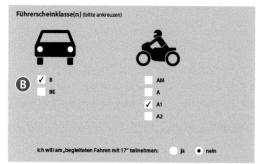

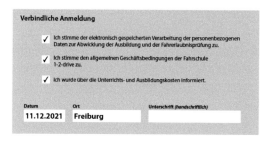

Produktion

InDesign-Dokument anlegen

1 Laden Sie die Arbeitsdateien zum Projekt herunter und sichten Sie diese.

2 Legen Sie in InDesign im Menü *Datei > Neu > Dokument...* unter *Druck* 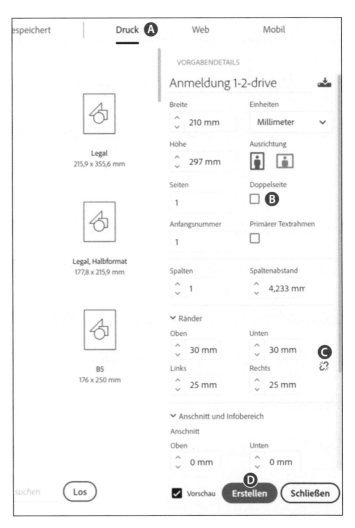 **A** eine neue Datei im Format DIN A4 an.

3 Deaktivieren Sie die Checkbox *Doppelseite* **B**.

4 Lösen Sie die Verkettung der Ränder **C** und geben Sie die vier Ränder ein.

5 Bestätigen Sie die Eingaben mit *Erstellen* **D**.

6 Verwenden Sie das *Dokumentraster*, um das Formular exakt gestalten zu können:
- Wählen Sie im Menü *Bearbeiten > Voreinstellungen > Raster…*
- Geben Sie die im Screenshot gezeigten Werte **E** ein, um ein Millimeterraster zu bekommen.
- Wählen Sie die gewünschte (gut sichtbare) Farbe **F** für das Raster.
- Deaktivieren Sie die Option *Raster im Hintergrund* **G**.
- Beenden Sie die Eingaben mit *OK*.

7 Blenden Sie das Dokumentraster im Menü *Ansicht > Raster und Hilfslinien > Dokumentraster einblenden* ein.

8 Wählen Sie, ebenfalls im Menü *Ansicht > Raster und Hilfslinien,* die Option *Am Dokumentraster ausrichten.*

9 Speichern Sie die Datei unter dem Namen *Anmeldung 1-2-drive.indd* ab.

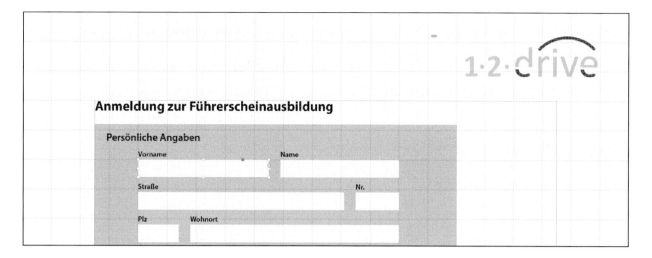

Layout erstellen

1 Fügen Sie im Menü *Datei > Platzieren…* oder mit der Tastenkombination STRG D (⊞) bzw. command D (◆) das Logo *logo_1-2-drive.ai* in der rechten oberen Ecke ein.

2 Ziehen Sie mit dem Textwerkzeug einen Textrahmen auf und geben Sie *Anmeldung zur Führerscheinausbildung* ein. Formatieren Sie den Text in der gewünschten Schrift, hier: Myriad Pro, Bold, 13 pt.

3 Erstellen Sie den Textrahmen für *Persönliche Angaben*:
- Geben Sie dem Rahmen die Farbe Schwarz, 30 %.
- Formatieren Sie die Schrift, hier: Myriad Pro, Semibold, 11 pt.
- Wählen Sie Menü *Objekte > Textrahmenoptionen* oder die Tastenkombination STRG B (⊞) bzw. command B (◆). Geben Sie als *Abstand zum Rahmen* oben 3 mm und links 4 mm ein.
- Damit Sie auf dem Textrahmen weitere Rahmen platzieren können, sperren Sie ihn im Menü *Objekte > Sperren* oder mit der Tastenkombination STRG L (⊞) bzw. command L (◆).

- Tipp: Um den Textrahmen wieder zu entsperren, platzieren Sie den Cursor auf dem Textrahmen und geben die Tastenkombination STRG ALT L (⊞) bzw. command ALT L (◆) ein.

4 Ziehen Sie den Textrahmen *Vorname* auf und formatieren Sie die Schrift, hier: Myriad Pro, Semibold, 7 pt.

5 Ziehen Sie einen leeren Textrahmen für das Formularfeld *Vorname* auf, hier: 45 x 6 mm. Geben Sie ihm eine weiße Farbe.

6 Duplizieren Sie den Textrahmen *Vorname* sowie das weiße Formularfeld:
- Klicken Sie mit gedrückter ⇧-Taste nacheinander auf beide Rahmen.
- Ziehen Sie die Kopien mit gedrückter ALT-Taste nach rechts.
- Platzieren Sie die neuen Rahmen mit Hilfe des Millimeterrasters.
- Ändern Sie den Text *Vorname* in *Name*.

7 Wiederholen Sie Schritte 2 bis 6 für alle weiteren Formularfelder (vergleichen Sie hierzu die Grafik auf Seite 79). Hinweise:
- Öffnen Sie die Word-Datei *anmeldung_12_drive.docx*. Kopieren Sie die

Texte aus der Datei und fügen Sie diese im Textrahmen ein.
- Erstellen Sie die beiden Kreise für die Optionsfelder
  (hier: 4 mm) mit Hilfe des Ellipsenrahmens.
- Importieren Sie die Piktogramme wie unter Schritt 1
  beschrieben und platzieren Sie sie im Formular.

8 Speichern Sie Ihren Zwischenstand ab.

Formular erstellen

Textfelder

1 Öffnen Sie *Fenster > Interaktiv > Schaltflächen und
Formulare*.

2 Markieren Sie den weißen Textrahmen zur Eingabe
des Vornamens.

3 Nehmen Sie die Formulareinstellungen vor:
- Typ: Textfeld **A**
- Name: Vorname **B**
- Beschreibung: Vorname **C**
- Schriftart, hier: Myriad Pro, Bold, 11 pt **D**
- Druckbar: ja **E**

4 Wiederholen Sie die Schritte 2 und 3 für alle weiteren
Textfelder mit Ausnahme des Feldes für die Unterschrift, weil diese handschriftlich erfolgen muss.

Optionsfelder

1 Klicken Sie auf den ersten Kreis zur „Sehhilfe".

2 Nehmen Sie die Formulareinstellungen vor:
- Typ: Optionsfeld **F**
- Name: Sehhilfe **G**
- Erscheinungsbild: [Normal - Aus] **H**
- Beschreibung: Brauchen Sie eine Sehhilfe? **I**
- Druckbar: ja **J**

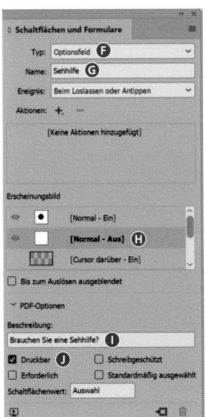

3 Wiederholen Sie die Schritte 1 und 2 für den zweiten
Kreis zur Abfrage der Sehhilfe. Wichtig: Der Name
muss identisch sein, damit beide Optionsfelder zu

einer Einheit werden und nur das eine oder das andere ausgewählt werden kann.

4   Wiederholen Sie die Schritte 1 bis 3 zur Abfrage des „begleiteten Fahrens".

Kontrollkästchen

1   Markieren Sie das Kontrollkästchen zur Auswahl der Führerscheinklasse B.

2   Nehmen Sie die Formulareinstellungen vor:
    • Typ: Kontrollkästchen Ⓐ
    • Name: B Ⓑ
    • Beschreibung: Führerscheinklasse B Ⓒ
    • Erscheinungsbild: [Normal - Aus] Ⓓ
    • Druckbar: ja Ⓔ

3   Wiederholen Sie die Schritte 1 und 2 für alle weiteren Kontrollkästchen.

Listenfeld

1   Klicken Sie auf den Textrahmen zur Staatsangehörigkeit.

2   Nehmen Sie die Formulareinstellungen vor:
    • Typ: Listenfeld Ⓕ
    • Name: Staat Ⓖ
    • Beschreibung: Staatsangehörigkeit Ⓗ
    • Listenelemente: Geben Sie hier nacheinander alle Optionen ein Ⓘ. Die Einträge erscheinen als Liste unterhalb des Feldes Ⓙ.
    • Druckbar: ja Ⓚ

3   Speichern Sie Ihr Formular ab.

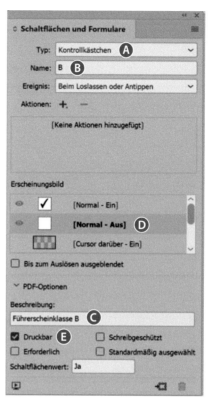

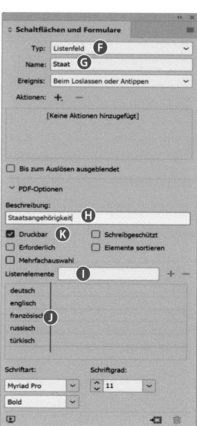

Aktivierungsreihenfolge festlegen

Mit Hilfe der Tabulator-Taste kann sich der Nutzer durch das Formular bewegen, ohne dass er hierfür mit der Maus in das gewünschte Feld klicken muss.

Damit die Felder in der gewünschten Reihenfolge erreicht werden, können Sie in InDesign die sogenannte Aktivierungsreihenfolge festlegen. Beispiel: Es macht Sinn, dass das Formular von oben nach unten ausgefüllt wird, also Vorname – Name – Straße – Nr. – Plz – Wohnort.

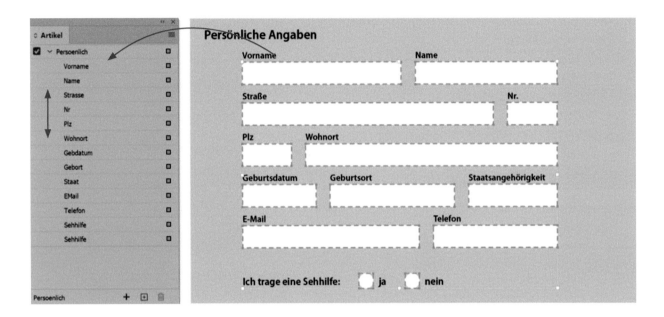

1   Öffnen Sie *Fenster > Artikel*.

2   Klicken Sie mit gedrückter ⇧-Taste nacheinander auf alle Rahmen des Formulars „Persönliche Angaben", um diese auszuwählen.

3   Ziehen Sie die Rahmen mit der Maus auf das Fenster *Artikel*. Geben Sie dem Artikel einen Namen, z. B. *Persoenlich*.

4   Die einzelnen Elemente der Liste können Sie mit gedrückter Maustaste nach oben oder unten verschieben, um hierdurch die gewünschte Reihenfolge einzustellen.

5   Wiederholen Sie die Schritte 2 bis 4 für die weiteren Formularelemente.

Interaktives PDF erstellen

1 Wählen Sie Menü *Datei > Exportieren…*

2 Wählen Sie im nächsten Fenster als Dateityp *Adobe PDF (interaktiv) (*.pdf)* aus und geben Sie als Dateinamen *Anmeldung_12_drive.pdf* ein. Klicken Sie auf *Speichern.*

3 Wählen Sie die beiden Optionen
- *PDF mit Tags erstellen* Ⓐ und
- *Struktur für Aktivierungsreihenfolge verwenden* Ⓑ

aus und schließen Sie die Eingaben mit *Exportieren* ab.

4 Das Öffnen und Ausfüllen interaktiver PDF ist mit folgender Software möglich:
- Adobe Reader (kostenlos)
- Adobe Acrobat (kostenpflichtig, hier lassen sich nachträgliche Änderungen am Formular vornehmen)

5 Alternativ können interaktive Formulare auch mit einigen Webbrowsern ausgefüllt werden, z. B.:
- Google Chrome
- Microsoft Edge

Im Unterschied zum Adobe Reader können Sie die Formulardaten im Browser zwar ausdrucken, aber nicht speichern.

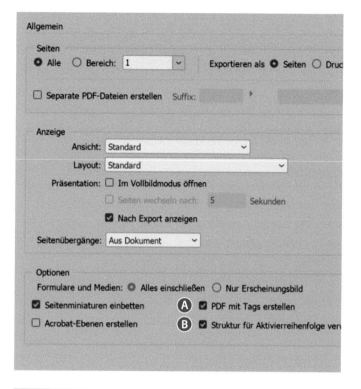

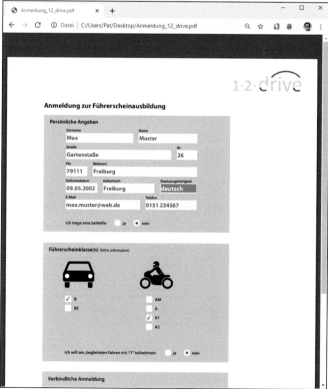

Verpackung

Briefing

Szenario

Die Hoffmann GmbH stellt verschiedene Tees her, die über Supermarktketten verkauft werden. Das Unternehmen plant eine Neugestaltung der Umverpackung für 25 Teebeutel.

Beispielhaft soll die Verpackung für die Sorte *Kamille* realisiert werden. Ein Logo ist vorhanden und soll beibehalten werden.

Technische Angaben

- Format (Abwicklung): 26 x 29,5 cm
- Format (aufgebaut): 13 x 6,5 x 7,5 cm (B x L x H)
- Schriften: BusinessPenmanship und Weidemann (wenn verfügbar)
- Randabfallende Elemente müssen ca. 3 mm über die Stanzkontur hinausragen
- Farben: 4/0, also einseitig vierfarbig
- Papiergewicht (Grammatur), z. B. 200 g/m^2
- Papiersorte, z. B. Bilderdruck matt

SOFTWARE

- InDesign (oder anderes Layoutprogramm)
- Illustrator (oder anderes Grafikprogramm)
- Photoshop (oder anderes Bildbearbeitungsprogramm)
- PDF-Betrachter, z. B. Adobe Reader

DATEN

www.bi-me.de/download

VORWISSEN

S. 19: Schriftfamilie
S. 40: Lesbarkeit
S. 58: Schrifteinsatz

Typografie

S. 16: Format
S. 24: Schrift
S. 50: Textrahmen
S. 51: Schriftformatierung
S. 52: Objektrahmen

Printdesign

© Springer Fachmedien Wiesbaden GmbH, ein Teil von Springer Nature 2021
P. Bühler et al., *Printmedien-Projekte*, Bibliothek der Mediengestaltung,
https://doi.org/10.1007/978-3-658-31382-1_11

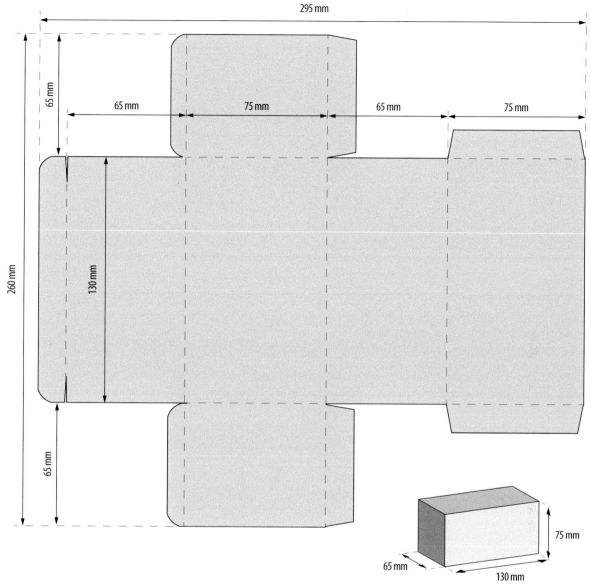

Planung

Download

- Unter www.bi-me.de/download die Daten herunterladen

Konzeption

- Logo, Texte und Fotos sichten
- Entwürfe (manuell) anfertigen
- Dummy in Originalgröße ausschneiden und basteln

Layout

- Dokument in InDesign anlegen
- Stanzkontur importieren
- Texte importieren
- Logo und Grafiken importieren und platzieren
- Verpackung in InDesign umsetzen

PDF

- InDesign-Dokument verpacken
- Druck-PDF erzeugen

Produktion

Entwürfe anfertigen

1 Laden Sie die Arbeitsdateien zum Projekt herunter und sichten Sie diese.

2 Scribbeln Sie mehrere Entwürfe der dreidimensionalen Verpackung. Skizzieren Sie verschiedene Ansichten der Verpackung.

3 Setzen Sie Ihr 3D-Konzept nun als *Abwicklung* in Originalgröße um. Beachten Sie dabei unbedingt Ausrichtung und Position der einzelnen Seiten.

4 Schneiden Sie die Abwicklung aus, falzen Sie sie entlang der gestrichelten Linien **Ⓐ**. Kleben Sie die Klebelaschen **Ⓑ**. Der Deckel **Ⓒ** wird nicht geklebt.

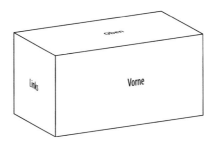

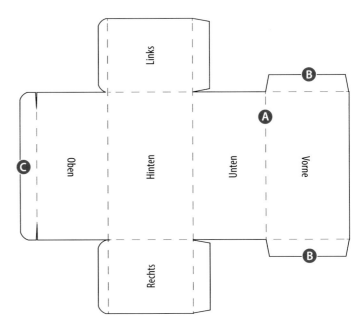

ID-Dokument erstellen

Neues ID-Dokument anlegen

1 Erstellen Sie ein neues InDesign-Dokument unter Menü *Datei > Neu…* oder mit STRG N (⊞) bzw. command N (⌘).

2 Nehmen Sie im Reiter *Druck* **Ⓐ** folgende Einstellungen vor:
- Geben Sie die Maße 301 mm (Breite) und 266 mm (Höhe) **Ⓑ** ein.
- Deaktivieren Sie die Checkbox *Doppelseite* **Ⓒ**.
- Geben Sie als Ränder 3 mm **Ⓓ** ein.
- Belassen Sie den Anschnitt bei 0 mm **Ⓔ**.
- Bestätigen Sie die Eingaben mit *Erstellen*.

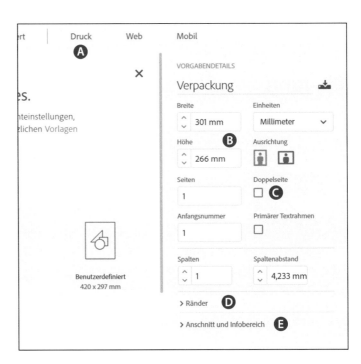

Stanzform einfügen

1 Stanzform importieren:
- Öffnen Sie die Datei *Stanzkontur.eps* in Illustrator.
- Wählen Sie mit dem Auswahlwerkzeug ▶ die Stanzkontur aus.
- Kopieren Sie mit gedrückter Tastenkombination STRG C (⊞) bzw. command C (⌘) das Grafikelement und fügen Sie es mit gedrückter Tastenkombination STRG V (⊞) bzw. command V (⌘) in InDesign ein.

2 Achten Sie darauf, dass die Stanzkontur mittig ausgerichtet ist, also an den Randlinien **A** anliegt.

3 Damit Sie für randabfallende Elemente sehen können, wie weit Sie diese über die Stanzkontur hinausziehen müssen, erstellen Sie nun eine Art Anschnittsbereich:
- Wählen Sie als Konturfarbe Schwarz mit z. B. 20 % **B**.
- Geben Sie als Konturstärke 3 mm **C** ein und wählen Sie *Kontur außen ausrichten* **D**.
- Wählen Sie mit dem Auswahlwerkzeug ▶ die Stanzkontur aus. Aktivieren Sie im Fenster *Attribute* die Option *Nicht druckend* **E**.

4 Fügen Sie die Stanzkontur erneut mit gedrückter Tastenkombination STRG V (⊞) bzw. command V (⌘) in InDesign ein.

5 Stanzkontur einrichten:
- Öffnen Sie die Farbfelder im Menü *Fenster > Farbe > Farbfelder*. Wählen Sie eine beliebige Farbe. Klicken Sie auf ⊞ rechts unten, um eine Kopie zu erstellen.
- Doppelklicken Sie auf die kopierte

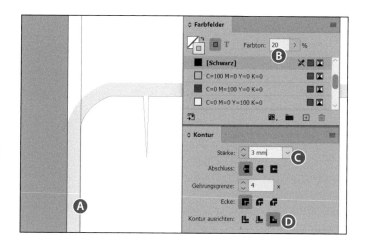

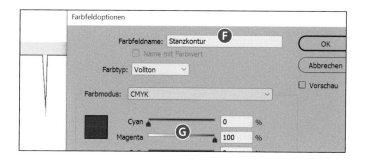

Farbe und geben Sie als Farbfeldname *Stanzkontur* ein **F**. Wählen Sie Farbtyp *Vollton* aus und geben Sie die folgenden Farbwerte **G** ein: 0|100|0|0. Bestätigen Sie mit *OK*.
- Färben Sie die Stanzkontur in dieser Farbe ein.
- Aktivieren Sie im Fenster *Attribute* die Option *Kontur überdrucken* **H**. Ansonsten wird eine Farbfläche ggf. an der Position der Stanzkontur ausgespart, da InDesign die Farbe *Stanzkontur* wie eine normale Farbe behandelt.

- Die Stärke der Stanzkontur hat keine Auswirkung, gestanzt wird entlang der Pfadlinie.

6 Doppelklicken Sie im Fenster *Ebenen* auf die aktuelle Ebene **A** und geben Sie als Name *Stanzkontur* ein. Sperren Sie diese Ebene durch Klick in die zweite Spalte **B**. Klicken Sie auf ⊞ rechts unten, um eine neue Ebene zu erstellen. Geben Sie dieser Ebene den Namen *Inhalt*.

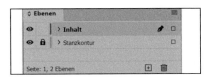

Verpackung gestalten

Gestalten Sie nun die einzelnen Seiten der Verpackung gemäß Ihren Entwürfen. Nutzen Sie dazu die Möglichkeit, die Ansicht zu drehen. Wählen Sie hierzu *Ansicht > Druckbogen drehen*. Und drehen Sie den Druckbogen entsprechend um z. B. *90° im UZS*.

Damit Sie sehen können, wo die Verpackung später gefalzt wird, erstellen Sie nun Hilfslinien. Sie können die Hilfslinien entweder auf einer separaten Ebene erstellen, die Sie dann sperren, oder Sie wählen im Menü *Ansicht > Raster und Hilfslinien > Hilfslinien sperren*.

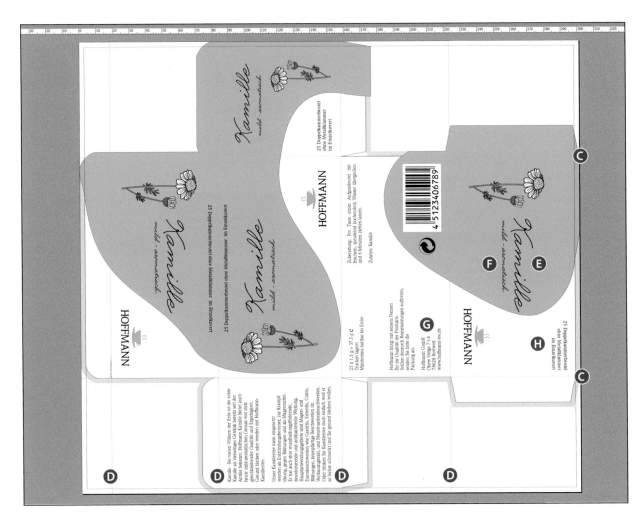

1 Erstellen Sie horizontal **C** Hilfslinien an folgenden Positionen:
   - y = 68 mm
   - y = 198 mm

2 Erstellen Sie vertikal **D** Hilfslinien an folgenden Positionen:
   - x = 18 mm
   - x = 83 mm
   - x = 158 mm
   - x = 223 mm

Grafikelemente platzieren

1 Platzieren Sie das Logo:
   - Wählen Sie Menü *Datei > Platzieren…* oder die Tastenkombination [STRG] [D] (⊞) bzw. [command] [D] (🍎).
   - Wählen Sie die Datei *Logo-Hoffmann.eps* aus und bestätigen Sie mit *Öffnen*.
   - Passen Sie die Größe des Logos an, indem Sie den Rahmen mit gedrückter Tastenkombination [⇧] [STRG] (⊞) bzw. [⇧] [command] (🍎) an einer Ecke ziehen.
   - Platzieren Sie das Logo an der gewünschten Stelle.

2 Platzieren Sie entsprechend auch:
   - Den Grünen Punkt aus der Datei *Gruener_Punkt.eps*
   - Den Barcode aus der Datei *Barcode.eps*

Text platzieren und formatieren

Beim Platzieren der Texte müssen Sie sich Gedanken machen, wie die Verpackung beim Verkauf im Regal steht und wie ein potenzieller Käufer die Verpackung in die Hand nimmt und betrachtet. Manche Informationen müssen mehrfach abgedruckt werden. „Unwichtige" Informationen können auch unten auf der Verpackung platziert werden.

1 Ziehen Sie mit dem Textwerkzeug **T.** einen Rahmen für den Text auf.

2 Öffnen Sie die Textdatei *Text_Verpackung.rtf* in einer Textverarbeitung und kopieren Sie den Text in die Zwischenablage. Fügen Sie den Text im Textrahmen ein.

3 Formatieren Sie den Schriftzug *Kamille* **E**, hier: BusinessPenmanship, Bold, 40 pt.

4 Formatieren Sie den Schriftzug *mild – aromatisch* **F**, hier: BusinessPenmanship, Bold, 14 pt.

5 Formatieren Sie die restlichen Texte, hier: Weidemann, Book **G** bzw. Medium **H**, 8 pt.

6 Speichern Sie den Zwischenstand unter dem Namen *verpackung.indd* ab.

Weitere Gestaltungselemente einfügen

Ergänzen Sie Farbflächen, Zeichnungen und/oder Fotos. Beachten Sie dabei, welche Kante sich bei der aufgebauten Verpackung neben welcher anderen Kante befinden wird.

PDF exportieren

1 Öffnen Sie den Exportdialog unter Menü *Datei > Exportieren…* oder mit [STRG] [E] (⊞) bzw. [command] [E] (🍎).

2 Speichern Sie die Datei als *Adobe PDF (Druck) (*.pdf)*.

3 Im PDF-Exportdialog wählen Sie als Adobe PDF-Vorgabe: *Druckausgabequalität*. Belassen Sie die Voreinstellungen der verschiedenen Optionsdialoge.

3D-Simulation

Nachdem Sie die Verpackung in InDesign fertiggestellt haben, können Sie die Verpackung in Illustrator als 3D-Objekt umsetzen und sie dann frei im Raum drehen. Mit Illustrator können jedoch keine echten 3D-Objekte erzeugt werden.

1 Öffnen Sie das PDF in Acrobat.

2 Wählen Sie Menü *Datei > Exportieren in > Bild > JPEG*

3 Klicken Sie im folgenden Dialogfeld auf *Einstellungen* Ⓐ und treffen Sie die folgende Auswahl:
- Graustufen: JPEG (Qualität: Hoch)
- Farbe: JPEG (Qualität: Hoch)
- Farbraum: CMYK
- Auflösung: 118,11 Pixel/cm

4 Öffnen Sie die gespeicherte JPEG-Datei in Photoshop.

5 Wählen Sie Menü *Bild > Bilddrehung > 90° Im Uhrzeigersinn*.

6 Beschneiden Sie mit dem Freistellungswerkzeug (Taste Ⓒ) die einzelnen Seiten und speichern Sie sie wie folgt ab:
- Oben als *oben.jpg* (ca. 1535 x 768 px)
- Vorne als *vorne.jpg* (ca. 1535 x 886 px)
- Hinten als *hinten.jpg* (ca. 1535 x 886 px)
- Unten als *unten.jpg* (ca. 1535 x 768 px)
- Links als *links.jpg* (ca. 768 x 886 px)
- Rechts als *rechts.jpg* (ca. 768 x 886 px)

7 Öffnen Sie Illustrator und erstellen Sie ein neues Dokument unter Menü *Datei > Neu…* STRG N (⊞) bzw. command N (⌘).

8 Wählen Sie im Reiter *Druck* für das Format *A4* mit der Ausrichtung Querformat.

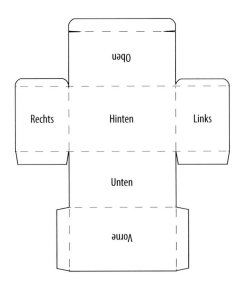

9 Wählen Sie Menü *Datei > Platzieren…* oder die Tastenkombination STRG ⇧ P (⊞) bzw. command ⇧ P (⌘) und fügen Sie die Bilder *oben.jpg, vorne.jpg, hinten.jpg, unten.jpg, links.jpg, rechts.jpg* ein.

10 Führen Sie für alle Bilder folgende Aktionen durch:
- Wählen Sie mit dem Auswahlwerkzeug ▶ das Bild aus.
- Klicken Sie in der Leiste unter dem Menü auf *Einbetten* Einbetten .
- Ziehen Sie das Bild in das Fenster *Symbole* und benennen Sie es dem Bild entsprechend.

11 Erstellen Sie mit dem *Rechteck-Werkzeug* ▣ ein Rechteck mit den Maßen 130 x 75 mm.

12 Wählen Sie im Fenster *Farbfelder Weiß* für die Füllung und *[Ohne]* für die Kontur.

13 Wählen Sie im Menü *Effekt > 3D > Extrudieren und abgeflachte Kante…*

14 Nehmen Sie im Dialogfeld folgende Einstellungen vor:
- Position: Schräg vorn **B**
- Perspektive: 60° **C**
- Tiefe der Extrusion: 65 mm **D**

15 Wählen Sie *Bildmaterial zuweisen* **E**.

16 Aktivieren Sie die Option *Unsichtbare Geometrie*.

17 Weisen Sie die *Symbole* **F** den Ansichten 1 bis 6 zu. Drehen Sie ggf. das Bild mit gedrückter Taste ⇧, indem Sie an einer Ecke ziehen. Spiegeln Sie ggf. ein Bild, indem Sie vom Mittelpunkt rechts **G** nach links ziehen **H** und danach das Bild einpassen.

18 Über den Button *Mehr Optionen* können Sie z. B. die Beleuchtung einstellen.

19 Wählen Sie für eine realistischere Ansicht die Option *Bildmaterial schattieren* **I**.

20 Wenn Sie möchten, können Sie die Kanten noch betonen:
- Kopieren Sie mit gedrückter Tastenkombination STRG C (⊞) bzw. command C (⌘) die 3D-Verpackung und fügen Sie sie mit gedrückter Tastenkombination STRG F (⊞) bzw. command F (⌘) wieder an der Originalposition ein.
- Wählen Sie im Menü *Objekt > Aussehen umwandeln*.
- Lösen Sie Gruppierungen und Schnittmasken durch Rechtsklicken, um die Flächenfüllungen zu löschen,

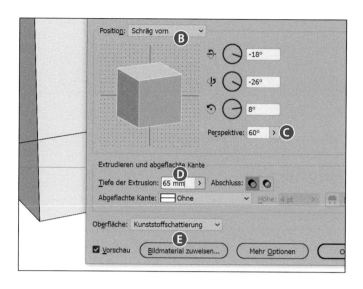

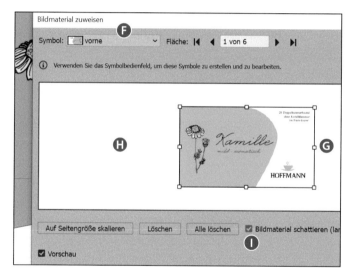

und wählen Sie als Konturfarbe (z. B. 80% Schwarz) und Konturstärke (z. B. 0,25 pt).

21 Wenn Sie möchten, können Sie noch einen Schlagschatten ergänzen:
- Zeichnen Sie mit dem Pfadwerkzeug 🖊 den Schatten als geschlossene Form.
- Wählen Sie eine Flächenfarbe (z. B. 30% Schwarz).
- Wählen Sie *Effekt > Stilisierungsfilter > Weiche Kante*, Radius: 2 mm

93

Prospekt (Dummy)

Briefing

Szenario

Ein 8-seitiger Prospekt soll in InDesign erstellt werden. Die Texte liegen noch nicht vor. Sie werden in InDesign mit Platzhaltertext visualisiert. Die Abbildungen sind beliebige Dummybilder.

Auf der ersten Seite steht das Inhaltsverzeichnis. Auf der letzten Seite des Prospektes bietet ein Formular die Möglichkeit, weiteres Informationsmaterial anzufordern. Zur Visualisierung erstellen Sie ein Beispielformular mit folgenden Formularfeldern:

- Anrede
- Name
- Nachname
- Straße/Hausnummer
- Postleitzahl
- Ort
- E-Mail
- Nachricht

Das Formular kann abgetrennt und in einem Briefumschlag per Post abgeschickt werden.

Vor dem PDF-Export aus InDesign wird der Prospekt als Handmuster/Dummy gedruckt. Im Band „Digitalmedienprojekte" erstellen Sie auf der Basis dieser InDesign-Datei ein interaktives PDF.

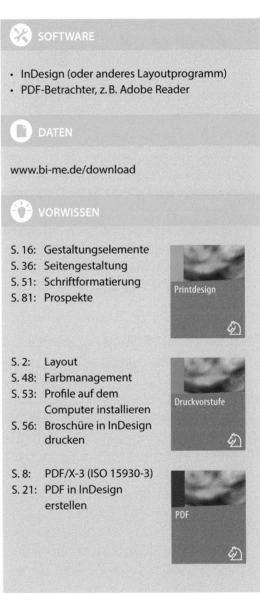

Technische Angaben

Layout

- Seitenformat: 190 mm x 279 mm
- Seitenzahl: 8
- Ränder
  - oben: 30 mm
  - außen: 25 mm
  - innen: 20 mm
  - unten: 44 mm
- Grundlinienraster
  - Beginn: 30 mm
  - Einteilung/Schrittweite: 5 mm
- Spalten
  - 2-spaltig
  - Spaltenabstand: 5 mm
- Seitenzahl
  - Tonfläche: Schwarz 20 %
  - Position x: 25/343 mm, y: 260 mm
  - Größe b: 12 mm, h: 22 mm

Text

- Platzhaltertext aus InDesign

Schrift (Myriad Pro)

- Titel
  - Semibold, 72 pt, rechtsbündig
- Überschriften
  - Semibold, 14 pt, -6 pt Grundlinienversatz
- Grundtext
  - ohne Einzug: Regular, 11 pt
  - mit Einzug: Regular, 11 pt, 4 mm Einzug erste Zeile
- Auszeichnung
  - rot: Semibold 11 pt, Zeichenfarbe M100 % Y100 %
- Seitenzahl
  - Abstand: 4 mm oben vom Rahmen
  - Schrift: Bold, 13 pt, zentriert
- Inhaltsverzeichnis
  - Semibold Condensed, 14 pt
  - Semibold Condensed / Condensed 11 pt

PDF

- Druckausgabequalität

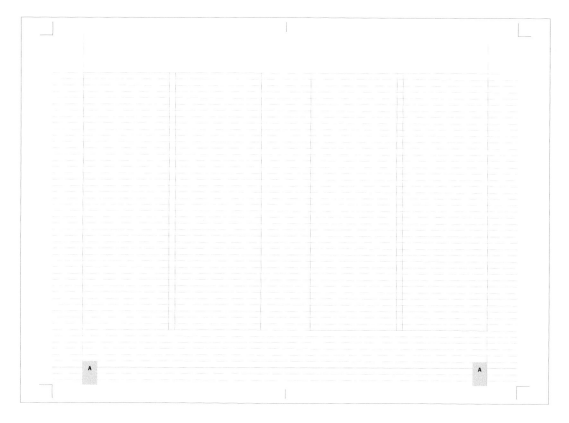

Layout der Doppelseite

Planung

Layout

- InDesign-Dokument erstellen
- Absatzformate anlegen
- Zeichenformat anlegen
- Dummybilder auswählen

Text und Schrift

- Platzhaltertext laden
- Text formatieren

Handmuster

- Datei drucken
- Druckbögen falzen und sammeln

PDF

- PDF exportieren

Produktion

Layoutdatei erstellen

1 Erstellen Sie eine neues InDesign-Dokument unter Menü *Datei > Neu > Dokument…* STRG N (⊞) bzw. command N (🍎) **A**.

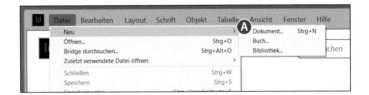

2 Geben Sie die Werte des Layouts aus den technischen Angaben auf Seite 95 in das Startfenster ein **B**.

Absatzformate erstellen

1 Erstellen Sie die Absatzformate des Titels, der Überschriften und des Grundtextes. Wählen Sie im Kontextmenü des Fensters *Absatzformate* jeweils die Option *Neues Absatzformat…*

2 Geben Sie die Werte der Schriftformatierung aus den technischen Angaben auf Seite 95 in das Fenster *Grundlegende Zeichenformate* **C** ein.

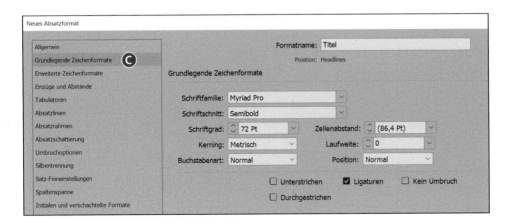

Zeichenformat erstellen

1   Ein neues Zeichenformat erstellen Sie im Kontextmenü des Fensters *Zeichenforma-te > Neues Zeichenformat...*

2   Erstellen Sie das Zeichenformat der *Aus-zeichnung*. Im ersten Schritt benennen Sie das Zeichenformat und geben Sie *Grundlegende Zeichenformate* ein. Bevor Sie die *Zeichenfarbe* festlegen, müssen Sie zunächst eine Farbe definieren. Gehen Sie dazu im Kontextmenü des Fensters *Farbfelder* auf *Neues Farbfeld* und legen die CMYK-Werte der Farbe fest. Jetzt können Sie im Fenster *Zeichen-farbe* die Farbe der Schrift auswählen 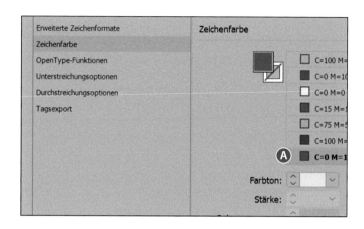.

Seitenzahlen erstellen

1   Öffnen Sie die Musterseiten im Fenster *Seiten* **B**.

2   Erstellen Sie die Textfelder, um die Seiten-zahlen zu positionieren.

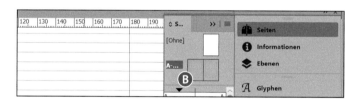

3   Fügen Sie die Platzhalter für die Seiten-zahl unter Menü *Schrift > Sonderzeichen einfügen > Marken > Aktuelle Seitenzahl* ein.

4   Erstellen Sie für die Seitenzahlen ein Absatzformat und formatieren Sie die Platzhalter.

5   Legen Sie die Größe und den Ton- bzw. Farbwert der Textfelder fest. Die Textfeld-optionen stellen Sie im Fenster *Textfeld-optionen* im Menü *Objekt > Textfeldoptio-nen...* ein.
    In unserem Dummybuch ist der Abstand zum Rahmen Oben: 4 mm **C**.

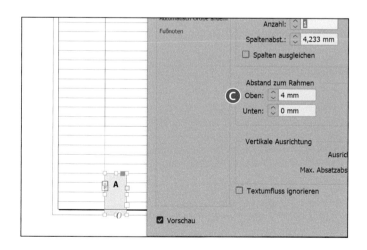

Inhaltsseiten erstellen

1 Erstellen Sie auf den Inhaltsseiten leere Textfelder.

2 Verknüpfen Sie die Textfelder.

3 Fügen Sie unter Menü *Schrift > Mit Platzhaltertext füllen* den Platzhaltertext ein.

4 Fügen Sie den Titel und die Überschriften ein.

5 Fügen Sie in den Text verteilt Auszeichnungen ein.

6 Formatieren Sie den Text mit den Absatz- und Zeichenformaten.

Inhaltsverzeichnis erstellen

Das Inhaltsverzeichnis erstellen Sie automatisiert in einem eigenen Textfeld.

1 Erstellen Sie die Absatzformate der Inhaltsverzeichnis-Textelemente.

2 Konfigurieren Sie das Inhaltsverzeichnis unter Menü *Layout > Inhaltsverzeichnis...*

3 Geben Sie dem Inhaltsverzeichnis einen Titel **A** und ordnen Sie diesem ein Absatzformat **B** zu.

4 Wählen Sie die Absatzformate der Überschriften, die im Inhaltsverzeichnis stehen sollen, aus **C**.

5 Fügen Sie die Formate mit *Hinzufügen* **D** dem Inhaltsverzeichnis zu.

6 Ordnen Sie diesen jeweils ein Absatzformat **E** hinzu.

7 Bestätigen Sie die Eingaben mit *OK* und platzieren Sie das Inhaltsverzeichnis als eigenes Textfeld.

8 Konfigurieren Sie im Fenster *Textumfluss* den Abstand zum Inhaltstextfeld.

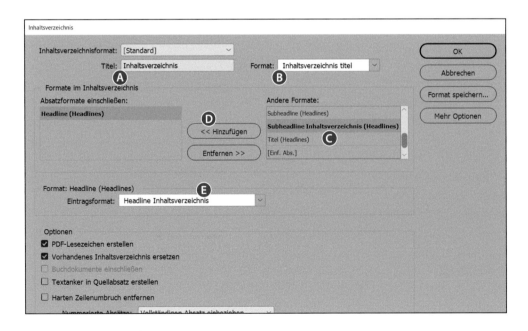

Formular erstellen

1 Erstellen Sie zunächst die Formularfläche mit farbiger Fläche und gepunkteter Randlinie.

2 Im zweiten Schritt erstellen Sie die Formularinhalte:
- Anschrift
- Formularfelder

3 Die Formularfelder gliedern Sie mit Absatzlinien **A**.

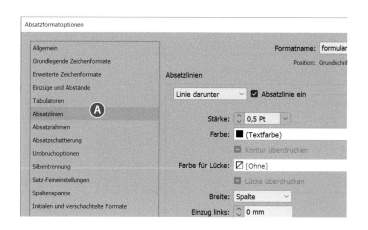

Drucken

Das Layout ist fertig, die Texte sind formatiert, alle Bilder sind platziert. Der nächste Schritt ist jetzt die Erstellung des Handmusters.

4 Öffnen Sie den Druckdialog unter Menü *Datei > Broschüre drucken...*

5 Wählen Sie den Broschürentyp. In unserem Beispiel: Rückenheftung in zwei Nutzen **B**.

6 Öffnen Sie im Dialogfenster die *Druckeinstellungen...* **C**

7 Aktivieren Sie in der Karteikarte *Marken und Anschnitt > Schnittmarken und Anschnittsmarken* **D** und die Option *Anschnitteinstellungen des Dokuments verwenden* **E**.

8 Öffnen Sie die Druckeinstellungen Ihres Druckers. Aktivieren Sie *Beidseitiger Druck*. Falls Ihr Drucker nur einseitig druckt, dann müssen Sie den Druckbogen manuell wenden und dann die zweite Seite der Form drucken.

9 Starten Sie den Druck.

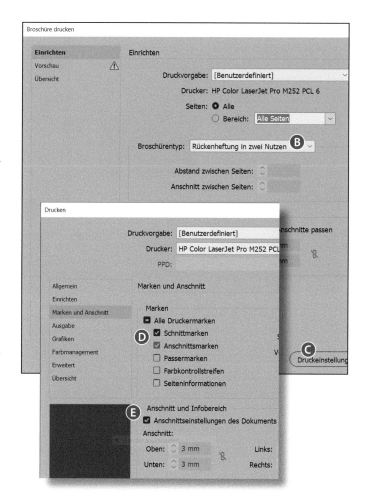

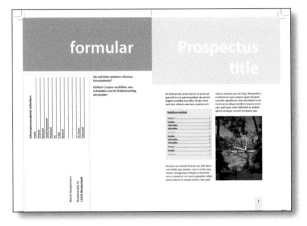

Seite 8

Seite 1

Seite 2

Seite 7

Seite 6

Seite 3

Seite 4

Seite 5

PDF exportieren

Im letzten Arbeitsschritt exportieren Sie das InDesign-Dokument als PDF. Unser Farbprofil beim Export ist das ECI-Offsetprofil *PSOcoated_v3.icc*. Sie können es von der Website www.eci.org kostenlos herunterladen und auf Ihrem Computer installieren.

1 Öffnen Sie den Exportdialog unter Menü *Datei > Exportieren...* oder mit [STRG] [E] (🪟) bzw. [command] [E] (🍎).

2 Speichern Sie die Datei als *Adobe PDF (Druck) (*.pdf)* Ⓐ.

3 Im PDF-Exportdialog wählen Sie als Adobe PDF-Vorgabe: *Druckausgabequalität* Ⓑ und den Standard: *PDF/X-3:2003* Ⓒ.

4 In der Karteikarte *Komprimierung* belassen Sie die Voreinstellungen Ⓓ.

5 In der Karteikarte *Ausgabe* ändern Sie die Einstellungen zur Farbkonvertierung nach den Vorgaben im Screenshot Ⓔ.

6 Exportieren Sie die PDF-Datei.

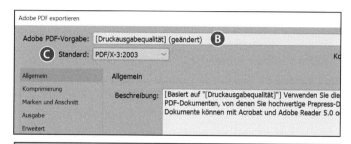

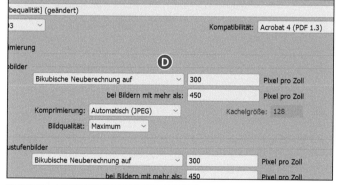

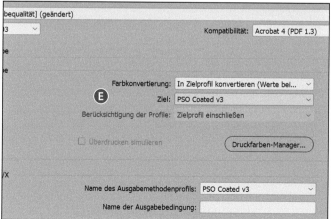

Bibliothek der Mediengestaltung

Die Reihe zur Mediengestaltung in 26 Bänden

Die Bibliothek der Mediengestaltung bietet ein umfassendes Wissen zur Mediengestaltung. Inhaltliche Leitlinien sind die Entwicklungen in der Werbe- und Medienbranche, die Berücksichtigung der aktuellen Rahmenpläne und Studienordnungen sowie die Prüfungsanforderungen der Ausbildungs- und Studiengänge.

Alle Bände enthalten zahlreiche praxisorientierte Aufgaben mit Musterlösungen und eignen sich als Lehr- und Arbeitsbücher an Schulen sowie Hochschulen und zum Selbststudium.

Die folgenden Bände sind im Set enthalten:

- Visuelle Kommuni-
  kation
- Digitale Farbe
- Typografie
- Digitales Bild
- Digitale Fotografie
- Zeichen und Grafik
- AV-Medien
- Animation
- Printdesign
- Druckvorstufe
- Druck
- Crossmedia Publi-
  shing
- PDF
- Webdesign
- HTML5 und CSS3
- Webtechnologien
- Digital Publishing
- Daten-
  management
- Informations-
  technik
- Internet
- Medienrecht
- Medienmarketing
- Medienworkflow
- Präsentation
- Produktdesign
- Designgeschichte

Alle weiteren Angaben zu den Bänden und Sets finden Sie hier:

www.bi-me.de

https://www.springer.com/series/15546

© Springer Fachmedien Wiesbaden GmbH, ein Teil von Springer Nature 2021
P. Bühler et al., *Printmedien-Projekte*, Bibliothek der Mediengestaltung,
https://doi.org/10.1007/978-3-658-31382-1

Basisset Gestaltung und Medientechnik

Dieses Basisset enthält sieben Bände der Bibliothek der Mediengestaltung, die zusammen ein solides Grundlagenwissen der Gestaltung und Medientechnik bieten. Die Auswahl der Bände ist abgestimmt auf die Lehrpläne an **Beruflichen Gymnasien, Berufskollegs und Berufsfachschulen** und eignet sich somit optimal zur Unterrichtsbegleitung und Prüfungsvorbereitung.

- Visuelle Kommunikation
- Typografie
- Printdesign
- Webdesign
- HTML5 und CSS3
- Produktdesign
- Designgeschichte

Basisset Mediengestaltung

Dieses Basisset Mediengestaltung enthält sieben Bände der Bibliothek der Mediengestaltung, die zusammen ein solides Grundlagenwissen der Mediengestaltung bieten. Die Auswahl der Bände ist abgestimmt auf die Themen der **Ausbildung zum/zur Mediengestalter/in Digital und Print** und bietet eine optimale Prüfungsvorbereitung.

- Visuelle Kommunikation
- Typografie
- Digitale Fotografie
- Zeichen und Grafik
- Datenmanagement
- Medienrecht
- Präsentation

Aufbauset Printmedien

Dieses Aufbauset enthält sieben Bände der Bibliothek der Mediengestaltung aus dem Bereich Printmedien. Die Auswahl der Bände ist abgestimmt auf die Themen der **Ausbildung zum/zur Mediengestalter/in Digital und Print im Schwerpunkt Printmedien** und bietet als Ergänzung zum Basisset Mediengestaltung eine optimale Prüfungsvorbereitung.

- Digitale Farbe
- Digitales Bild
- Printdesign
- Druckvorstufe
- Druck
- Crossmedia Publishing
- PDF

Aufbauset Digitalmedien

Dieses Aufbauset enthält sieben Bände der Bibliothek der Mediengestaltung aus dem Bereich Digitalmedien. Die Auswahl der Bände ist abgestimmt auf die Themen der **Ausbildung zum/zur Mediengestalter/in Digital und Print im Schwerpunkt Digitalmedien** und bietet als Ergänzung zum Basisset Mediengestaltung eine optimale Prüfungsvorbereitung.

- AV-Medien
- Animation
- Webdesign
- HTML5 und CSS3
- Webtechnologien
- Digital Publishing
- Internet

Printed in the United States
by Baker & Taylor Publisher Services